Christian Gottfried Körner

Otto Werner Förster

Fritz Schiller

Illustrationen
von
Annette Fritzsch

Otto Werner Förster

Fritz Schiller

Eine
biographische
Erzählung

VEB Postreiter-Verlag Halle
1988

ISBN 3-7421-0024-9

1. Auflage 1988

Lizenz-Nr. 360-500/85/88
Printed in the German Democratic Republic
Schrift: Baskerville 10 p
Satz: Druckerei Fortschritt Erfurt
Druck: Druckhaus Weimar
Buchbinderische Verarbeitung:
VOB Buchbinderei Südwest, Leipzig
Typografie und Einband: Annette Fritzsch
LSV 7501
Für Leser von 13 Jahren an
Bestell-Nr. 788 682 2
00630

»Heftig braust's
In meinen Adern -
Dreiundzwanzig Jahre,
Und nichts für
die Unsterblichkeit
getan!
Ich bin erwacht,
ich fühle mich ...«

Don Carlos
1784

MANNHEIM
1784

»GROSSE DINGE
IM HERZEN UND
KLEINE GETAN . . .«

1. Kapitel

Im Dämmer des Abends flackerten die Lichter auf in den Häusern. Kerzenschein drang auch aus den oberen, offenen Fenstern des Hauses Wallgasse 8. Und eine laute, energische Stimme:
»Ein Schwärmer bist du! Mit einem kindlichen Gemüt zum Gotterbarmen!«
Streicher schlug den Klavierdeckel zu, daß es schrill und mißtönend im Zimmer nachhallte. Der Angesprochene im Nebenraum antwortete nicht. Er saß am Schreibtisch, oder vielmehr: Er hing bequem im Stuhl, das linke Bein über der Armlehne, das rechte auf der Tischplatte, und schnitzte an einem Gänsekiel herum.
»Du glaubst wohl, die Baumann wartet gerade auf dich? Auf einen Stückeschreiber mit kaum einem Taler in der Tasche? Da hilft dir die Berühmtheit nichts!« Streicher ging erregt durch das Zimmer, fand die Weinflasche auf einem Bücherstapel und goß sich ein.
»Die Baumann ist eine Komödiantin, und . . .«
Er brach mitten im Satz ab. In großen Zügen trank er das Glas aus und stellte es hart auf das Klavier.
Aber der Gänsekielschnitzer schnitzte weiter an seinem Gänsekiel, scheinbar unberührt. Die Feder war allerdings schon so kurz, daß sie zum Schreiben längst nicht mehr taugte. Nur die dichten rötlichen Brauen zogen sich über der Nasenwurzel zusammen.
Streicher lenkte ein.
»Und was hat sie gesagt, als du ihr dein Bildchen geschenkt hast?«
»Nichts weiter«, kam es nach einer Weile durch die geöffnete Tür, »nur, was sie damit anfangen solle«.
»Und du hast ihr's gesagt?«
»Ich hab' halt gesagt, daß ich's ihr nit sage kann. Einfach so.« Sein schwäbischer Tonfall war immer noch unverkennbar, obwohl er schon zwei Jahre weg war aus Württemberg. In Augenblicken der Erregung aber kam das Schwäbisch immer wieder durch.

»Einfach so! Dieser Mensch! Wenn du das Frauenzimmer haben willst, mußt du flöten und tirilieren und vor allem Manieren zeigen!«
»Ich mag sie halt. Mademoiselle Baumann isch nit eine von dene billigen Komödiantinnen.« Der Gänsekiel war nun vollends unbrauchbar, und er warf ihn zu dem Haufen der anderen auf den Schreibtisch.
»Mademoiselle Baumann!« Streicher spitzte vornehm den Mund, als er das sagte, hob die Hände graziös in Schulterhöhe und tänzelte um das Klavier. »Und die Schwanin? Die Wolzogens, Mutter und Tochter? Die Kalb? Die magst du auch einfach so?«
»Das isch was anderes!« Schiller stieß den Sessel zurück und kramte die lange holländische Pfeife aus dem Schubfach.
Streicher ging zur Tür und lehnte sich, die Arme über der Weste verschränkt, an den Pfosten. »Iffland ist auch hinter der Baumann her. Und er klingelt ganz unverschämt mit seinen Dukaten. Und er wühlt gegen dich!«
»Iffland isch mein Freund«, und nach einer Pause, dem Anzünden der Pfeife gewidmet, setzte er hinzu, »und ein Ehrenmann«.
»Dein Freund! Weißt du, was er dir für einen Streich gespielt hat, als du in Schwetzingen warst? Auf öffentlicher Bühne!«
Er wurde unterbrochen durch eine Frauenstimme unten an der Stiege im Haus: »Haben die Herren gerufen? Brauchen die Herren etwas?«
Streicher öffnete energisch die Stubentür zum Flur und rief hinunter: »Nein, Frau Höltzel, ist schon gut, wir haben uns nur laut unterhalten!«
Streicher war die Lust am Streiten vergangen. Sollte der sich doch seinen Dickschädel einrennen, vielleicht war das heilsam. »Ich geh' ins Wirtshaus!« brummte er ins Nebenzimmer, nahm den Dreispitz, warf sich den Rock über und polterte die Stiege hinunter.
Die Haustür fiel geräuschvoll ins Schloß.

Schiller ging paffend auf und ab, die Arme auf dem Rücken.
Andreas Streicher war sein bester Freund. Ohne ihn wäre die Flucht

vor Herzog Karl Eugen nicht möglich gewesen, und ohne ihn säße er, Schiller, jetzt vielleicht wie Schubart in der Festung Hohenasperg. Aber von Herzensangelegenheiten verstand Streicher nichts. Und was meinte er mit der Anspielung auf Iffland?
Iffland hat immer für ihn gesprochen. Auch im Theaterausschuß. Und daß sein Vertrag als Theaterdichter nicht erneuert worden war, das lag wohl an der Nachlässigkeit des Barons von Dalberg. Im übrigen war der den ganzen Sommer auf seinem Stammsitz gewesen und nicht in der Stadt. Da ist das schon erklärlich.
Schiller klopfte die Pfeife aus, nahm Überrock, Stock und Hut, löschte die Kerzen und brach auf. Zum Schreiben fehlte jetzt die Muße; ein wenig Zerstreuung war angebracht.
Als er in die Oktobernacht trat, wurde ihm wohler. Mannheim hatte nicht die gute Luft wie Stuttgart oder Bauerbach, aber jetzt erschien sie ihm frisch und mild. Kein Vergleich zu den drückenden Augusttagen, an denen die Fieberdünste von den sumpfigen Rheinwiesen und den Festungsgräben herübertrieben. Da war er empfindlich. Und das Fieber hatte sich schon tagelang nicht wieder gemeldet.
Neun Uhr schlug es. Die Stadtwache schwenkte vorn um die Ecke, und die beiden salutierten, als sie Schiller erkannten. Er nahm das mit Wohlgefallen zur Kenntnis und grüßte zurück.
Er war schon jemand, und das allein durch die »Stückeschreiberei«, wie Streicher es nannte. Obwohl der es nicht so abfällig meinte. Nur, ein Brotberuf war es eben nicht, da hatte Streicher recht. Wenn er an die Schulden dachte . . .
Beinahe wäre er in eine Gruppe lärmender und lachender Leute gelaufen, als er um eine Ecke bog. Sie machten ihm Platz, grüßten, fast zu ehrerbietig. »Dichter Flickwort«, hörte er noch, einige Dutzend Fuß weiter, dann lachten sie wieder auf. Gedankenverloren lief er, den Stock mit dem schönen silbernen Knauf schwenkend. »Flickwort?«. War das nicht eine Figur bei Gotter, diesem Possen-Vielschreiber aus dem sächsischen Gotha? Wie das Theater doch die Leute beschäftigt! Man kann schon etwas wirken damit.
Schiller war unversehens in die Nähe des Schlosses gekommen. Anfangs hatte er noch Schwierigkeiten gehabt, sich zurechtzufinden.

Diese Stadt, nach Plan angelegt, diese kurpfälzische Residenz, hatte etwas Gleichförmiges, Unpoetisches durch die strenge Geometrie der Straßen. Großzügig gemeint, aber es war eine bedrückende Großzügigkeit.

Vor einem imposanten Bürgerhaus blieb er stehen. Hier hatten die Kalbs eine weitläufige Wohnung gemietet. Die Fensterfront war hell erleuchtet. Man hatte also noch Gesellschaft nach dem Theaterbesuch. So war es nicht unschicklich vorbeizuschauen.
Er ließ den schweren Ring an der Tür einige Male auf das Eichenholz fallen. Gleich darauf Schritte. Die Klappe in der Pforte ging auf, dahinter das von der erhobenen Lampe erhellte Gesicht des Dieners.
»Der Herr Schiller! Oh, sofort!«
Das Schlüsselbund klingelte, die Tür schlug auf. Der Diener leuchtete voraus bis zur Treppe. Dort war es heller.
Aus dem großen Salon drang fröhlicher Lärm. Er wollte sich schon dahin wenden, als er von rechts Spinettklänge hörte.
»Darf man nähertreten?« Er klopfte mit dem Stockknauf an die offenstehende Tür. Die junge Frau am Spinett schrak auf und wandte sich halb um. Im unruhigen Lichtschein glaubte er, einen schwermütigen Zug um Mundwinkel und Augen wahrzunehmen.
»Schiller, mein Freund! Kommen Sie, kommen Sie nur herein, nicht so zaghaft!« Sie wies auf das zierliche Sofa unter dem Deckenleuchter.
»Aber kommen Sie doch«, wiederholte sie, ging auf ihn zu und nahm ihn beim Rockzipfel, als der hagere Dichter noch immer im Türrahmen stand und den Stock in den Händen drehte.
»Ich wollt' nit störe.«
»Wie könnte man stören, bei diesem Gebraus in der Wohnung!«
Charlotte von Kalb war jetzt heiter, gelöst. Der etwas linkische Schwabe schien ihr manchmal der einzige Mensch in der Stadt. Man mußte ihm nur die Zunge lockern, dann hatte man einen Gesprächspartner von Geist und Witz.
»Likör oder Champagner? Nein, warten Sie, Weißburgunder war doch Ihre Marke!«

Sie läutete nach dem Diener, aber der stand schon mit Flasche, Tablett und Gläsern auf der Schwelle.
»Madame entschuldigen, die letzte Bouteille Burgunder aus dem Keller. Ich habe sie für Herrn Schiller reserviert. Sonst hätten die Herren Offiziere . . .«
»Exzellent, Heinrich, der Herr Schiller wird es Ihm danken!«
Der Diener schenkte ein und verschwand lautlos wieder, hinter sich den Vorhang an der Tür zuziehend.
»Der Schiller will mit Gewißheit über seinen ›Carlos‹ hören von mir. Da liegen die Blätter, und ich hab' sie gelesen. Obwohl Sie eben das letztlich so scheußlich deklamiert haben!«
»Nein . . .«
»Doch. Dieser erste Akt gefällt mir nun außerordentlich. Ich habe es Ihnen schon öfter gesagt: Schiller darf seine Stücke nicht selber lesen.«
»Nein, nicht deswegen . . .«
»Nicht deswegen? Was könnte Ihnen momentan wichtiger sein? Ärgern Sie die Frauenzimmer? Amouren? Das ist es, die Amouren!«
»Amouren! Wie Sie das sagen!«
»Geben Sie's zu: die Frauenzimmer! Und insonderlich Mademoiselle Baumann.«
»Woher wissen Sie?«
Charlotte stellte das Glas auf das kleine Tischchen mit der silbernen Platte, daß der Wein überschwappte, und schlug mit übertriebener Geste die Hände zusammen.
»Dieser Schiller! Woher ich weiß! Die ganze Stadt spricht davon, und die Baumann trägt es immer weiter, daß Sie ihr ein Bildchen geschenkt haben und nicht wissen, warum! Friedrich, Sie haben keine Ahnung von der Seele mancher Frauenzimmer!«
Der wühlte verlegen in seinen Taschen nach der Tabaksdose.
»Nun ja, sie g'fällt mir schon.«
»Sie verzehren sich nach ihr, daß kaum noch Platz für Vernunft ist in Ihrem Kopfe!«
Charlotte schaute ihn nachdenklich an, seufzte und schüttelte den Kopf.

»Nun gut. Aber auf diese Art werden Sie immer danebentapsen. Auch, wie sie daherkommen. Damit fängt es an. Gehen Sie mal zum Spiegel, na, gehen Sie schon!«

Er stand auf, fragend und unschlüssig, und trat vor den hohen goldgerahmten Spiegel zwischen den Fenstern.

»Und was fällt Ihnen auf?«

Er musterte sich, die Rockschöße zurückgeworfen, die Hände in den Taschen.

Sicher, ein Adonis war er nicht, aber er fand sich durchaus beachtlich, und nicht nur der Größe wegen. Solch eine scharf geschnittene Nase hatte kein anderer, und die blasse Haut hob die freiliegende Stirn nur umso vorteilhafter hervor. Der rötlichblonden, im Nacken lose gebundenen Haare schämte er sich nicht, und die Kleidung gar fand er passend und bequem.

»Nun? Nichts dem fällt Schiller auf! Und das ist der erste Fehler! Gelbe Strümpfe zu karminroten Kniehosen und blauem Rock, das schreit zu den Himmlischen! Und wenn Sie schon die Perücke verschmähen, dann muß ein Taler mehr zum Friseur getragen werden. Schnupftabakflecken auf dem Hemd! Da hilft kein Verdecken. Spitzenmanschetten stünden Ihnen auch gut, ohne gleich ein Geck zu werden! Nun machen Sie nicht solch ein Gesicht, glauben Sie mir.«

»Sie werden mich auf dem Gewissen haben, Charlotte, wenn Sie mir zuviel verraten«, er drohte ihr mit dem Zeigefinger, »dann werden die Weibsbilder mich in Scharen verfolgen!«

»Wenn Sie dadurch zu solchen Jamben bewegt werden wie im ›Don Carlos‹, dann scheuchen Sie sie bitte nicht weg.«

Tatsächlich, ein glücklicher Entschluß, das in Prosa begonnene Stück in eine rhythmische, schwingende, gehobene Sprache umzuschreiben. Da bekamen die großen Gefühle ganz anderes Gewicht, und üble Gesinnungen stellten sich deutlicher bloß.

»Und mehr noch«, fuhr Charlotte fort, »die Streiche Ifflands werden Sie nicht mehr treffen können.«

»Was haben nur alle mit Iffland und seinen angeblichen Streichen gegen mich?«

»Angeblich? Friedrich, auch das wissen Sie nicht? Als Sie im Sommer in Schwetzingen waren, und Dalberg . . .«
Sie wurde unterbrochen. In der Tür, den samtenen Vorhang mit dem Ellenbogen beiseite schiebend, stand ein Offizier in vornehmem Rock, in der linken Hand eine Flasche, in der rechten ein langstieliges Glas.
»Mon dieu! Von Heinrich muß ich erfahren, daß der Schiller im Hause! Und Sie, Charlotte, wollen das Vergnügen seiner Gesellschaft allein genießen?« Er setzte das Glas ab, küßte seiner Frau, Schiller zuzwinkernd, die Hand, und vollführte, zur Tür weisend, mit der Flasche einen waghalsigen Bogen.
»Die Herren erwarten Sie, Friedrich! Der Wein will schon nicht mehr schmecken, und das Kartenspiel geht nicht so recht voran!«
Major von Kalb, Offizier in französischen Diensten, hatte noch vor gut einem Jahr im amerikanischen Unabhängigkeitskrieg gegen England gekämpft. Seine Umgangsformen hatten nicht darunter gelitten. Jetzt lag seine Garnison in Landau. Zwei-, dreimal die Woche kam er die sechs Meilen herüber und brachte zumeist noch französische Offiziere mit.
Im Salon wogten Rauchschwaden. Die Gesellschaft um den großen runden Spieltisch begrüßte Schiller laut und herzlich. Der Major zeigte ihn vor wie ein Beutestück. Man rückte zusammen, und Heinrich brachte einen Stuhl. Bevor er sich setzte, nahm Schiller den Diener beiseite:
»Lauf Er zum Wirtshaus und hol Er einige Bouteillen Burgunder! Vom alten. Und laß Er es auf meine Rechnung setzen!«
Der Abend versprach kurzweilig zu werden.

Morgens wanderte Schiller gern am Neckar entlang. Um diese frühe Stunde waren die Schiffsleute schon beim Beladen der breiten, flach gebauten Holzkähne. Einige stießen gerade ab, andere waren flußabwärts gerade noch auszumachen, dort, wo ein Stück hinter Mannheim der Neckar in den Rhein mündete.
Unter hochbepackten Körben gebeugte Marktweiber kamen über die Neckarbrücke, auch Handwerker, Bauern und Händler auf

großrädrigen Ochsenkarren oder mit leichten Pferdegespannen. Von Waldhof, Viernheim, auch aus den Dörfern an der Bergstraße kamen sie. Der rötliche Sonnenfleck schwamm knapp über den Bergkämmen im Frühdunst der Flußebene. Dort hinten lag auch Heidelberg, und von dort wand sich der Neckar in weiten Bögen bis Mannheim.

Schiller liebte diese Stunde. Der Fußmarsch brachte die Gedanken in Gang, dazu das Rauschen des Flusses, des Neckars, der auch ein Stück Kindheit und Jugend war, in Marbach, Ludwigsburg, Stuttgart. Einer Jugend, acht Jahre lang durchhallt von Kommandos auf der Militärschule des Herzogs Karl Eugen.

Aber auch Abel lebte dort, der Freund und Lehrer. Ganz neue geistige Welten hatte er ihm eröffnet! Jedoch weltfremd war er geblieben bis auf den heutigen Tag. Ahnungslos auch, was den Umgang mit Frauen betraf. Auf der Militärakademie hatten sie keinen Rockzipfel zu Gesicht bekommen, keinen ansehnlichen jedenfalls. Frauenzimmer kamen nur hinter die Mauern, wenn sie noch nicht oder nicht mehr interessant waren. Der Mangel an Erfahrung zeigte sich jetzt in seinem unbeholfenen Bemühen um Katharina Baumann. Ihm fehlten die notwendigen nichtssagenden, galanten Floskeln.

Er lebte in ständiger Unruhe. Er mußte sich zur Arbeit zwingen. Und seine Schwierigkeiten häuften sich. Die Gläubiger in Stuttgart und Bauerbach drängten auf Rückzahlung. Auch hier in Mannheim. Wenn Dalberg den Vertrag wirklich nicht erneuern würde . . .

Der Vater hatte schon recht. Er mußte seine Verhältnisse in Ordnung bringen. Maßhalten, weniger verschwenden! Beim Kartenspiel gestern abend waren seine letzten Taler draufgegangen. Wenn Dalberg also nicht erneuert . . . Ein Journal wäre ein Ausweg. Als finanzielle Sicherung. »Rheinisches Museum« könnte es heißen, oder »Thalia«, wie die Göttin der Anmut. »Rheinische Thalia«, das ist es! Er lief schneller, hüpfte auch ein Stück, schlug mit dem Stock wild durch die Luft, daß die Marktfrauen ihre Körbe absetzten und, die Arme in die Hüften gestemmt, verwundert dem gut gekleideten jungen Mann nachschauten.

Durch das Neckartor war er wieder in die Stadt gelangt und schritt kräftig aus. An den ärmlichen Häusern der Handwerker und niederen Beamten vorbei, dann, je näher er der Schloßgegend kam, durch die prunkvolleren Straßen mit vornehmen Bürgerhäusern und prächtigen Gebäuden. Wie zufällig gelangte er an das Haus des Hofbuchhändlers und Verlegers Christian Friedrich Schwan.

Im Parterre war die Mehrzahl der Fensterläden noch geschlossen. Ein junges Mädchen beugte sich aus einem der Fenster und hantierte an der Verriegelung. Als sie ihn sah, hielt sie in ihrer Beschäftigung inne.

»Grüß Gott, Herr Schiller! So früh schon unterwegs? Warten Sie, ich ruf' den Vater.«

»Nein, nein, ich will nicht inkommodieren. Ich muß nach Haus, meine Geschäfte!«

»Ach, kommen Sie. Der Vater ist schon wach, Sie kommen gerade recht zum Frühstück. – Vater!« hallte es schon von drinnen, und Margaretha, die achtzehnjährige Tochter Schwans, öffnete die Haustür. Sie zog den unschlüssigen Schiller hinein, nahm ihm Stock und Hut ab und wies ihn die Treppe hoch. Er wollte etwas erwidern, wandte sich aber sofort wieder um: Der Ausschnitt am Kleid des Mädchens konnte einen schon in Verlegenheit bringen!

Oben stand der stämmige Schwan mit ausgebreiteten Armen.

»Schiller! Herein mit Ihnen und an den Tisch! Die Morgenluft macht nicht nur rote Backen, auch Appetit!« Und er zwinkerte Schiller vertraulich zu.

»Brot? Schinken? Käse? Oder Milchsuppe? Und was trinken Sie? Zichorienkaffee?«

»Nein, Vater«, fiel Margaretha ein, »Herr Schiller trinkt sicher ordentlichen Kaffee. Er hat bestimmt wieder die ganze Nacht geschrieben.«

»Das sähe ihm ähnlich. Ein Schinder ist er, ein Folterknecht! Wollen Sie ihre Gesundheit vollends ruinieren? Schiller, ich verkauf' Ihnen kein Schreibpapier mehr, wenn Sie so weiter machen!«

Schiller langte vergnügt zu. Der Kaffee war gut und stark, auch das Essen war nach seinem Geschmack. Früher zu Hause hatten sie nicht so üppig gegessen. Milchsuppe und Brot am Morgen, vielleicht einen Krug Dünnbier. Hier wurde das Brot mit Butter gegessen, und der teure Kaffee aus Übersee kam durch die guten Geschäftsverbindungen Schwans regelmäßig ins Haus.

»Schiller, wenn Sie nachher gehn, schaun Sie bei Götz unten im Comptoir vorbei und lassen Sie sich 4 Louisdor auszahlen. Das steht noch an bei mir für Ihre ›Luise Millerin‹, pardon, ›Kabale und Liebe‹. Ich weiß nicht, ob Ihnen der Iffland mit dem neuen Titel einen Gefallen getan hat.«

Schwan redete, während er noch kaute, und tupfte sich dabei mit dem Tuch die Mundwinkel ab. Seine Tochter schaute ab und zu von der Seite auf Schiller. Dem war die Musterung nicht entgangen, und er rettete sich ins Gespräch mit Schwan, um die Situation zu überspielen.

»Dafür hab' ich Ifflands ›Verbrechen aus Ehrsucht‹ zu seinem Namen verholfen.« Er fuchtelte dabei mit dem Brotmesser herum. »Eine launige Abmachung zwischen uns. Ich glaub' schon, daß ›Kabale und Liebe‹ zugkräftiger ist als der Name eines Weibsbildes.« Da merkte er: Er hatte etwas Falsches gesagt.

Margaretha fiel auch sofort ein. »Sie mögen die Frauenzimmer wohl nicht so sehr, Herr Schiller? Das kann ich mir kaum vorstellen. Was man so erzählt in der Stadt . . .«

»Gretchen, schwätz nicht auch noch die Gerüchte nach«, ließ Schwan sich vernehmen, »du bringst den armen Schiller noch ganz aus der Fassung!«

»Gerüchte, Herr Schwan«, lenkte Schiller von dem heiklen Thema ab, »nach gewissen Gerüchten soll Iffland mir, nun ja, einen Streich gespielt haben? Von dem ich allerdings nichts weiß.«

»Streich ist kein Ausdruck für das Bubenstück! Und Sie sollten nichts wissen davon?«

»Ich war den Sommer über meist in Schwetzingen.«

»Man hatte Gotters Lustspiel ›Der schwarze Mann‹ angesetzt. Und der Iffland hat die Rolle dieses Dichters ›Flickwort‹ in Ihrer Maske gespielt. Das war auf Schillern gemünzt, diese lächerliche Figur! Und das Publikum hat sich gebogen vor Lachen und sich die Schen-

kel geklopft! Die Bosheit sollten Sie dem Heuchler in Bälde gehörig unter die Nase reiben!« Schwan lehnte sich zurück und zündete sich mit finsterer Miene die Pfeife an.
»Das war es also!« Schiller zog nachdenklich mit dem Messergriff Kreise auf dem Tischtuch.
»Vertraun Sie den Menschen nicht so blind! Aber tatsächlich, man sollte die Toren einfach nicht beachten in ihrem Neid und ihrer Kleinlichkeit.« Schwan hatte sich wieder beruhigt und sah mit Wohlgefallen auf Schiller.
»Iffland also auch«, murmelte Schiller vor sich hin.
»Nehmen Sie's nicht so tragisch! Erzählen Sie mir lieber von Ihren Plänen. Vielleicht kommen wir wieder ins Geschäft miteinander.« Schiller deutete ihm die Idee mit derZeitschrift an. Schwan wiegte den Kopf. Schiller wollte jetzt nicht weiter in ihn dringen. Er nahm sich vor, mit einem fertigen Heft wiederzukommen.

2. Kapitel

Die Fenster der Gebäude drüben spiegelten für einen Moment die tiefrote Abendsonne. Gleich aber hatten sie wieder das matte, glanzlose Grau des tiefhängenden Himmels. Von hier oben, vom Seitenflügel des Theaters, konnte man weit über den Platz sehen. Die wenigen Fußgänger beschleunigten ihre Schritte, zogen die Hüte tiefer in die Stirn, und der Kutscher auf dem Bock der leichten Kalesche knallte mißmutig mit der Peitsche, so daß der Wagen kurz darauf in der Breiten Straße verschwunden war.
Ein Windstoß schlug die beiden hohen Fensterflügel krachend auf. Baron von Dalberg schrak aus seinen Betrachtungen. Er ging mit schnellen Schritten zu dem großen Schreibtisch, nahm das silberne Glöckchen und läutete unbeherrscht wild. Den sofort eintretenden Diener in dunkelblauer, goldbetreßter Livree blickte er nicht an,

sondern machte nur ein leichtes Handzeichen in Fensterrichtung. Dalberg wandte sich, während seine Hände auf dem Rücken nervös mit den Brillantringen spielten, seinem Gast wieder zu.

»Mußten Sie ausgerechnet Gotters ›Schwarzen Mann‹ spielen, Iffland! Mon dieu! Welche Indélikatesse!«

Der Angesprochene fuhr aus seinem Sessel hoch mit einer Lebendigkeit, die einen merkwürdigen Widerspruch zu dem massigen Leib bildete. »Euer Exzellenz!« Er stand, den rechten Fuß ein wenig vorgeschoben, mit dem linken auf dem Fußballen balancierend, die Hände vorgestreckt, so daß sich die Fingerspitzen berührten. Es gelang ihm sogar, die Brauen über der Nasenwurzel herauf- und an den Seiten herunterzuziehen.

»So setzen Sie sich doch, Iffland. Sie sind nicht auf der Bühne!« Baron von Dalberg nahm in seinem Schreibtischsessel Platz.

»Euer Exzellenz«, begann der Schauspieler Iffland wieder, nun sitzend, »Euer Exzellenz, wir hätten das Stück niemals geben sollen, aus Achtung für Schiller nicht.« Er wurde leiser, traurig fast. »Wir selbst haben damit im Angesicht des Publikums den ersten Stein auf Schillern geworfen. Mit keinem Atemzug«, er holte zu einer weiten Geste aus, besann sich aber und fuhr fort, »haben wir diese Wirkung bedacht!«

»So? Haben Sie nicht?« unterbrach ihn Dalberg.

»Euer Exzellenz!« Iffland ließ Betroffenheit in der Anrede mitschwingen. »Ich verehre Schiller, als Menschen und als überragenden Dichter. Niemals würde ich ihn der Lächerlichkeit preisgeben!« Er sank in seinen Sessel zurück, nachdenklich, sichtlich bestürzt in der Erinnerung an jenen Theaterabend.

»Aber das Publikum! Als ich sah, wie es reagierte, habe ich ängstlich versucht, jede Anspielung zu vermeiden. Aber es wollte nun mal Schillern in dem Stück sehen. Ich bin untröstlich. Wie soll er nun mit seinen Werken auftreten?« Iffland schüttelte gramvoll den Kopf.

»Schon damit ist die Unfehlbarkeit von Schillern genommen, die Unantastbarkeit des großen Mannes.« Und er fügte nach einer wohlberechneten Pause hinzu: »Wären da nicht auch noch die

Gerüchte und üblen Nachreden unter den Leuten. Und dazu diese Stücke . . .«
»Sie meinen, seine Stücke beleidigen das Publikum?«
»In der Tat, Euer Exzellenz, mittlerweile ist es dahin gekommen. Den erstmaligen Aufführungen der ›Räuber‹ und von ›Kabale und Liebe‹ hatte man zugejubelt mit Tränen der Rührung in den Augen, weil es neu und unerhört war. Aber ganz verstanden hat es wohl keiner. Das Publikum, Euer Exzellenz verzeihen, ist die dauernde Verstandesanstrengung nicht gewohnt. Und dazu die hohe Sprache, die Länge der Stücke, das Aufrührerische bei Schillern! Man will sich doch zuvörderst unterhalten hierzulande im Theater. Leichte Vergnügung, Possen, Stücke voll Seele und Herz.«
»Rührselige Stücke meinen Sie?« warf Dalberg dazwischen.
»Nun ja, Euer Exzellenz, einfache Stücke, aber durchaus von hohem Kunstwert. Wenn Euer Exzellenz gestatten . . .« Iffland stand auf, nahm ein Papier aus der Rocktasche, faltete es auseinander und reichte es Baron von Dalberg über den Schreibtisch.
»Mein untertänigster Vorschlag für den Spielplan der nächsten Saison.« Er deutete eine Verbeugung an.
Dalberg lehnte sich zurück und hielt das Blatt in Augenhöhe, so daß das einfallende letzte Tageslicht noch ein Lesen gestattete, und las halblaut vor sich hin: »Gotter. Beil. Kotzebue. Gotter. Iffland. Shakespeare. Iffland.« Dalberg senkte das Blatt und warf einen Blick auf Iffland, der sich, jetzt beinahe verlegen, am Ohrläppchen kratzte und zu einer Erklärung genötigt sah.
»Euer Exzellenz, auch die Schauspieler meinen, man solle Schiller jetzt erst einmal schonen und seine Werke nicht der Spottlust des Publikums vorwerfen. Auch sind die Mimen – wie soll ich sagen – ein wenig ungehalten über Schiller. Er macht so häufige und so lange Proben und klebt besessen an jedem Worte. Und manchen hat er schon mehrmals gröblich vor den Kopf gestoßen in seiner zuweilen pedantischen und auch derben Art. So, wie er die Herren der Kurfürstlichen Deutschen Gesellschaft ›Toren‹ geheißen haben soll, wie man erzählt . . .«
»Eben, Iffland, man erzählt! Und Sie fabrizieren Gerüchte hinzu!«

Dalberg schob das Papier über den Schreibtisch zurück und nahm das Glöckchen auf. »Ich will Ihnen die ganze Wahrheit geben darüber, denn ich war dabei. Schiller hat über das Wirken der Schaubühne im Volk gesprochen und eingangs gesagt, daß sein Verzeichnis von Bösewichtern mit jedem Tag, den er älter werde, kürzer und sein Register von Toren vollzähliger und länger werde! Und damit mag er wohl recht haben!« Dalberg klingelte nach dem Diener und entließ den Schauspieler kühl: »Auf der Bühne harrt man Ihrer Kunst, Herr Iffland. Au revoir!«

Iffland verließ wortlos, mit einer tiefen Verbeugung, das Arbeitszimmer des Intendanten.

»Leg Er im Kamin nach, es wird kühl, und zünd Er die Leuchter an!« befahl Dalberg dem Diener und schritt, während der hantierte, nachdenklich auf und ab.

Wie sollte er mit Schiller verfahren? Wohl hatte auch durch ihn der Ruf der Mannheimer Bühne in ganz Deutschland gewonnen, der Zulauf war anfangs enorm, und die Kassen waren gefüllt gewesen. Der Vertrag allerdings war von Schiller nicht eingehalten worden: Das dritte Stück, der »Don Carlos«, war nicht gekommen. Sicher, die Krankheit war Schiller nicht anzulasten. Am Fieber waren immerhin sechstausend von zwanzigtausend Menschen in Mannheim erkrankt gewesen.

Aber er schrieb zu langsam. Und für das hiesige Publikum tatsächlich nicht faßbar. Und die Differenzen mit den Schauspielern traten immer offener zutage, brachten gar die ganze mühsam aufgebaute Truppe in Gefahr.

Er, Dalberg, als vom Herzog eingesetzter Intendant, mußte Rücksicht nehmen auf den Kurfürsten. Zumal in dieser politischen Situation! Derartige Freigeisterei auf offener Bühne würde vom Hofe in München nicht lange noch geduldet werden!

Schiller den Vertrag einfach aufzukündigen, hieße, auch die Gründe genauestens darzulegen. Gott bewahre! Aber der Schiller verstand eben seine feinen Winke auch nicht. Der Hofrat May war in seinem Auftrag doch bei ihm gewesen, um ihm die Rückkehr zur Medizin als Brotberuf schmackhaft zu machen. Herrgott! Der naive

Schwabe hatte den Vorschlag mit Begeisterung aufgenommen und ihm, Dalberg, schriftlich gedankt mit der gleichzeitigen Bitte um dreihundert Gulden Vorschuß für die Studienzeit, die er mit neuen Stücken für die Mannheimer Bühne zurückzuzahlen gedachte! Wie soll man's ihm noch beibringen! Am besten keine Antworten mehr auf die Briefe, Begegnungen mit ihm möglichst vermeiden. Die Sache im Sande verlaufen lassen. Ja, noch mehr Rücksicht war da wohl fehl am Platze, das konnte Schiller nicht verlangen. Immerhin stand hier sein Name als Intendant auf dem Spiel, ja, gar der des ganzen Theaters! Die Sache einfach auf sich beruhen lassen, so würden die Brücken zwischen ihm und Schiller nicht gänzlich abgebrochen, falls der Dichter irgendwann einmal . . . Möglich wäre es schon, dieser Mann steckte voller Überraschungen. Wenn erst das Ungezügelte, das Kompromißlose in diesem Kopfe abgeklungen war . . . Es sei denn! Wir erneuern den Vertrag nicht.

In der geräumigen Küche im Erdgeschoß des Mannheimer Nationaltheaters hatte man alle Hände voll zu tun. Ein Lustspiel Johann David Beils war heute über die Bühne gegangen. Und da Beil ein Mannheimer Schauspieler war, wollte man dem dürftigen Stück mit einer üppigen Feier vielleicht doch noch etwas Glanz verleihen.
Der Koch dirigierte die Arbeit der Gehilfen, Mägde und Bedienten, würzte hier und da eine Prise nach oder rückte die Garnierung eines Kapauns zurecht, der in einer Reihe anderer beladener Tabletts auf seine Beförderung nach oben wartete.
»Nanette!« Er winkte ein braunhaariges Mädchen heran. »Bind deine Schürze ab. Das bringst hinauf und bietest zuerst und vor allem«, er hob dabei den Kochlöffel wie einen verlängerten Zeigefinger, »dem Herrn Schiller an. Aber verlockend muß das Hühnchen sich darbieten!« Und er drückte ihr eine Platte mit einem gebratenen Huhn in die Hände. Die anderen Frauen in der Küche waren sofort bei der Sache, hatten ihre Arbeit verlassen und scharten sich um die beiden.
Dem Mädchen war der Auftrag peinlich. »Der arme Herr Schiller hat das wirklich nicht verdient. Was kann er für seine Schüchternheit.«

»Ach was, wir gewöhnen's ihm ab, dafür wird er uns dankbar sein!« Die Frauen waren schon dabei, das Mieder des Mädchens zu lokkern. Eine klebte ein Schönheitspflästerchen auf den Busen, um den Blick auch ja zu fangen. »Los nun, und daß du uns gleich Bericht gibst!« Der Koch schob sie aus der Küche.
Im Saal wartete man auf das Souper. Wie üblich hatte das Theater um sechs Uhr angefangen, um acht war es schon zu Ende, und jetzt, eine halbe Stunde vor zehn, wurde es Zeit. Die Artigkeiten waren ausgetauscht, der Dichter Beil hatte seine Komplimente bekommen. Nun ging man zum lockeren Teil des Abends über.
Eine große Gesellschaft hatte sich versammelt: Die Schauspieler sowieso, fast vollzählig, dazu einige Herren und Damen von Stand, jüngere Gelehrte von der Akademie, einige Schriftsteller, Musiker, Offiziere, eben das Publikum, das sich bei solchen Gelegenheiten immer zusammenfand – theaterinteressierte Kenner oder jene, die sich dafür hielten. Baron von Dalberg hatte sich, nach kurzem Erscheinen in der Gesellschaft, entschuldigen lassen wegen einer kleinen Unpäßlichkeit.
Es war kühl im Saal zu dieser Jahreszeit, aber das war durch die Menge der Leute bald nicht mehr zu spüren. Schiller saß dennoch an einem Tisch in Kaminnähe, zusammen mit Frau Meyer, der Gattin des Regisseurs. Er hatte der Premiere nicht beigewohnt, wollte sich aber doch wenigstens sehen lassen, zumal die Baumann hier war und Andreas Streicher. Streicher hatte man für den Abend als Pianisten engagiert.
Schiller lehnte sich zurück in den Stuhl, die Beine übereinandergeschlagen, und sog an der Pfeife. Er war nicht in der Stimmung, eine lärmende Feier mitzumachen. Aber Streichers Klavierspiel nahm ihn immer wieder gefangen. Zumal an diesem Abend.
Im unfreundlichen Nachmittagswetter war er spazierengegangen, eigentlich mit dem Ziel, bei Dalberg im Theater vorzusprechen. Doch war er dann umgekehrt. Die Blöße wollte er sich nicht noch einmal geben, es hätte zu sehr nach Bittstellerei ausgesehen.
Die Gesellschaft hörte jetzt kaum noch zu. Andreas Streicher war das gleichgültig; er spielte für sich und für Schiller, der schon beim

Übungsspiel zu Hause Gefallen an dem Stück gefunden hatte. Obwohl Schiller sonst der Musik Mozarts, vor allem dessen Opern, zurückhaltend gegenüberstand. Aber diese Sonate in c-Moll, erst vor kurzem in einer Abschrift aus Wien gekommen, wühlte etwas auf in Schiller. Dieses klagende Hingeben an scheinbar unabänderliches Schicksal! Nein, man mußte dagegenhalten, durfte sich nicht wissentlich unfrei machen!

Streicher stand auf vom Flügel. Man wandte sich ihm zu, klatschte auch Beifall, von den Damen waren Rufe des Entzückens zu hören. Die fehlende musikalische Kulisse für die angeregte Unterhaltung machte sich plötzlich bemerkbar. Beil, der Dichter des Abends, bestellte bei der Musikantengruppe leichte Musik, während Iffland vor einer Gruppe Bewunderer nochmals eine Passage seiner Rolle mit großer Gestik wiederholte.

Schiller holte sich vom Kamin einen brennenden Span, zündete seine Pfeife wieder an und hing seinen Gedanken nach. Sein Blick schweifte über die stuckbeladene Decke mit dem großen gemalten Oval, das den »Triumph der Venus« darstellte. Eine Stimme, nahe an seinem Ohr, störte die Betrachtung.

»Mögen der Herr Schiller etwas von dem Hühnchen?« Nanette hielt das Tablett tief vor die Stuhllehne und beugte sich weit hinunter. Am Saalende, dort, wo die schmale Treppe hinabführte, zeigten sich zwischen den gerafften Vorhängen erwartungsvolle Gesichter.

»Stell Sie's hin!« ließ sich Schiller unwillig vernehmen. Madame Meyer beobachtete die Szene hinter ihrem Fächer hervor.

Nanette reichte das Tablett ungeschickt über den Sitzenden hinweg, so daß Schiller, keineswegs zurückweichend, einen Duft von warmer Haut, Küche und Parfüm in die Nase bekam.

»Sie wird sich die weißen Brüstchen erkälten, wenn Sie so dekolletiert bis zum Nabel durch die Welt läuft«, und er blies ihr eine Rauchwolke ins Kleid.

Das Mädchen stellte scheppernd und hastig die silberne Platte ab, raffte die Röcke und eilte durch den Saal zur Treppe, begleitet von anzüglichen Bemerkungen einiger junger Herren.

»War es nicht eben, als hätte Sie die Muse geküßt, Friedrich?«

lachte Madame Meyer in ihren Fächer. »Und Sie treiben dem armen Mädchen die Schamröte ins Gesicht!«
»Das Gesicht war's wohl weniger ...« – Schiller legte die Pfeife ab und trennte eine Keule vom Braten.
»Sie wollen doch sicher in dieser Nacht noch arbeiten?« Die Meyer nippte an ihrem Kaffee. »Da werden Sie die Musen brauchen.«
»Mmh.«
»Sagen Sie, Friedrich, gehen Ihnen nicht die Gedanken aus, wenn Sie so die ganze Nacht dichten?« suchte Madame Meyer ein Gespräch in Gang zu setzen.
»Das ischt nit anders, aber schaun's«, die Hühnerkeule in seiner Hand unterstrich die Worte, »schaun's, wenn die Gedanken ausgehn, da mal' ich halt Rössel aufs Papier.« Schiller biß herzhaft in das Fleisch, lehnte sich dann zurück und musterte die Premierengesellschaft.
An einem versteckten Tischchen entdeckte er, wen er suchte: Die schöne Katharina Baumann saß dort neben Iffland, der der schon Angetrunkenen offensichtlich ein weiteres Glas Likör aufdrängen wollte.

Er mußte endlich etwas tun, sonst war die Gelegenheit wieder vertan. Geistvoll sein, plaudern, ihre Aufmerksamkeit auf sich ziehen, auch wenn er sich dabei wie ein Höfling vorkam. Nach Charlottes Ratschlägen hatte er sich neu eingekleidet. Von den Dukaten, die ihm der Vater mit einem Brief und dringlichen Ermahnungen zur Sparsamkeit als letzte Reserve geschickt hatte. Was wußte der Vater über das Leben im kurfürstlichen Mannheim! Und er hatte einen Namen, einen Stand zu verteidigen als weithin bekannter Theaterdichter und Mitglied der Kurfürstlichen Deutschen Gesellschaft. Auch wenn es sauer wurde manchmal und immer leerer im Geldbeutel.
Er goß sich ein Glas Wein nach, trank es in einem Zuge aus und rückte sich Spitzenjabot und Manschetten zurecht. Zu einer Perücke hatte er sich auch an diesem Abend nicht überwinden können, aber er war beim Friseur gewesen.

Schiller stand auf, mit einem entschuldigenden Kompliment an Madame Meyer. Die Hände in den Taschen und die Pfeife im Mund, so schlenderte er durch die Tischreihen. Er machte Umwege; wie zufällig wollte er an Katharinas Tisch vorbeikommen. Man prostete ihm zu. Er wechselte mit diesem oder jenem ein paar Worte.

»Friedrich! Endlich ein Dichter in dieser Gesellschaft von Lustspielschreibern!« Christian Friedrich Schwan hielt ihn am Rockschoß fest, stand auf und legte den Arm um die Schulter des Hochgewachsenen. Die kräftige Stimme des Hofbuchhändlers war durch den Lärm der Umgebung gedrungen. Einen Anflug von Peinlichkeit, den die Worte hervorgerufen hatten, überspielte man mit wedelnden Fächern und klingenden Gläsern. Selbst Beil, der Dichter des Abends, tat, als hätte er nichts gehört, obwohl er am Nebentisch saß.

»Friedrich«, fuhr Schwan leiser fort, »Ihre ›Thalia‹ übernehm' ich! Der Plan für das erste Heft scheint interessant. Allerdings«, er kratzte sich das Kinn, »allerdings nur in Kommission vorerst. Es gibt so viele Journale inzwischen, der Absatz, wissen Sie, da ist der Absatz so sicher nicht . . . Ich muß auch als Geschäftsmann denken. Kommen Sie morgen ins Comptoir, für das Geschäftliche ist hier nicht der Ort.«

Das war immerhin ein Angebot, wenn er sich's auch anders vorgestellt hatte. – Hinter ihrem Vater stand Margaretha. Schiller küßte ihr die Hand, einen Moment unschlüssig, ob er nicht besser bei den Schwans bleiben sollte.

Als er Iffland schimpfend und nach Wein rufend aus dem Saal gehen sah, verabschiedete er sich schnell und versprach sein Kommen für morgen.

»Ah, Mademoiselle Baumann! Ich hätte nicht gedacht, Sie hier zu treffen!« Er tat, als hätte er sie gerade entdeckt und ärgerte sich zugleich über den Unsinn seiner Worte.

»Der Schiller! Setzen Sie sich – oder wollen Sie mir auch nur Likör einflößen?« sprach sie kichernd. »Sie können mir eine Rolle schreiben, eine bessere als die heutige!« Sie schnitt eine angewiderte

Grimasse. »Sie schreiben mir doch eine, ja? Der Schiller macht das schon für mich, ja?« Sie stützte den Kopf in die Hände, kam ihm über das Tischchen hinweg näher, wobei sie einen Schluckauf nicht unterdrücken konnte.
»Ach wissen Sie, Fritz, ich möchte nach Hause jetzt. Wollen Sie mein Kavalier sein und mich beschützen, ja? Kommen Sie, es ist so öd hier geworden!«
Schiller brachte vor Überraschung kein Wort hervor. Sie stand auf, leicht schwankend, und hängte sich bei ihm ein.
So einfach geht es also, dachte er. Man muß die Dämchen nur beschwatzen, ohne Scheu und falsche Zurückhaltung: Das ist der halbe Sieg, der Rest ergibt sich von selbst!
In der Vorhalle brachte man ihnen schon die Mäntel und seinen Hut. Schiller eilte die breite Treppe hinab, um draußen eine Kutsche heranzuwinken. Tatsächlich war ein Kutscher schon vom Bock gestiegen, nestelte im Schein der hell erleuchteten Fenster am Zaumzeug seiner Pferde und hielt nach Kundschaft Ausschau.
Schiller bedeutete ihm zu warten und lief zurück. Nun hatte er auch noch seinen Stock oben stehenlassen! Als er wieder vor die Tür trat, ruckte der Wagen gerade an. Katharina beugte sich aus dem Fenster: »Der Herr Iffland war so freundlich, mir eine Kutsche zu besorgen. Leben Sie wohl . . .« Sie wurde ins dunkle Wageninnere gezogen. Er hörte noch ihr Kichern und Glucksen, da war das Gefährt schon um die Ecke verschwunden.
Sapperlot! Dieses Weibsbild war es nicht wert, daß man sich um sie bemühte. Schiller fluchte leise vor sich hin, nahm einen Stein von der Straße und schleuderte ihn wütend in einen der Bäume am Platz. Ein schrilles Geschrei war die Folge, und eine schwarze Wolke von Vögeln erhob sich einen Moment lang vor den abnehmenden Halbmond, um gleich darauf wieder in die Äste zu fallen.
Er nahm nicht den kürzesten Weg nach Hause, sondern ging mit langen Schritten in Richtung Rheintor. Erst mußten die Gedanken und Gefühle wieder einigermaßen ins Lot kommen.
Was sollte er seine Zeit noch länger an das Frauenzimmer verschwenden!? Der »Carlos« lag da und kam nicht voran. Einnahmen

waren nicht zu erwarten, die Stelle als Theaterdichter nun mit ziemlicher Sicherheit verloren. Aber die Zeitschrift, seine »Rheinische Thalia«! Schwan hatte zugesagt, würde sie wenigstens in Kommission nehmen. Das könnte, ja, das könnte pro Jahr, grob und vorsichtig geschätzt, gut tausend Gulden feste Einnahmen geben! Er hörte schon die schweren Gulden in der Tasche aneinanderschlagen.
Schiller war am Rheintor angelangt. Die Wache trat hervor. Um diese Zeit würde doch niemand, schon gar kein Fußgänger, hinauswollen? Er schwenkte nach links ein in die Wallgasse, die an der Festungsmauer entlang bis hinter den Garten des Höltzelschen Hauses führte.
Tausend Gulden! Dazu die ausstehenden Honorare für die Aufsätze. Der »Carlos«, wenn er im Frühjahr fertig wäre, würde auch ein paar hundert abwerfen. Da könnte er endlich die Schulden begleichen. Zweihundert in Stuttgart noch, fünfhundert in Bauerbach und natürlich die Zinsen darauf, und das, was hier inzwischen wieder anstand.
Er stand vor dem Haus, schloß leise auf und tastete sich die Stiege hinauf. Im Zimmer war es angenehm warm. Frau Höltzel hatte noch einige Scheite im Ofen nachgelegt und die Fensterläden geschlossen. Schiller warf die Kleider über eine Stuhllehne, die Schuhe weit von sich, zog schließlich auch noch die Weste aus und riß das Jabot vom Hals. Hemdsärmelig, den Schreibtischsessel in Ofennähe gerückt, streckte er sich lang aus.
Wieder ein vertaner Abend! Wäre er nur bei den Schwans geblieben. Margaretha hatte er lange nichts vorgelesen. Sie war verständig, scharf und kritisch im Urteil, wenn auch ein wenig kühl und ironisch. Was hätte er ihr schon Neues vorzutragen.
Den »Carlos«?
Schiller sprang auf und zum Schreibtisch, wühlte in dem Haufen beschriebener Blätter. Der Dramenentwurf aus den Bauerbacher Monaten fand sich, und er las. Das war es! Da lag das Problem, weswegen es nicht voranging: Das Drama war zu klein gedacht.
Er ging mit großen Schritten durch die Stube, die Kerzen flackerten im Luftzug.

Der Vater heiratet die Braut seines Sohnes, gut, das gäbe eine aufwühlende Familientragödie, moralische Erschütterungen, nicht mehr. Aber der Vater war der König von Spanien, und die spanische Armee hielt die Niederlande besetzt! Ein politisches Umfeld hatte das Ganze natürlich! Das mußte stärker herauskommen. Was der Major von Kalb über den amerikanischen Krieg erzählt hatte ... Ein Volksaufstand, ein Freiheitskampf gegen die Tyrannen ...
Jetzt half nur ein starker Kaffee. Er setzte den Wassertopf auf den Ofen. Zum Teufel mit dem Nachtschlaf! Er mußte weitermachen, sofort, solche Augenblicke waren Geschenke der Götter.
Zur Einstimmung las er laut und im Gehen die zuletzt geschriebene Szene. Armeschwenkend und hart die Hebungen der fünffüßigen Jamben betonend, kam er bald wieder in seinen Rhythmus: »Heftig braust's in meinen Adern – Dreiundzwanzig Jahre,/ Und nichts für die Unsterblichkeit getan ...«

Die letzte Kerze zischte kurz und verlosch. Durch einen Spalt im Fensterladen fiel ein Dämmerschein. Schiller war im Stuhl eingeschlafen, bleich, mit tiefen Schatten um die Augen.
Es klopfte an der Tür. Es klopfte stärker, und als sich auch da nichts rührte, ging die Tür ein Stück auf. Frau Höltzels rundes Gesicht erschien. »Herr Schiller«, flüsterte sie, »sind Sie zu Haus?«
»Warten Sie, ich mach' das schon.« Andreas Streicher drängte sich an ihr vorbei, trat ins Zimmer und schloß die Tür hinter sich. »Fritz, wach auf, eine dumme Sache ist passiert!« Er rüttelte den Schlafenden an der Schulter, dann ging er zum Fenster, um die Läden zu öffnen. Schiller reckte sich knurrend und rieb sich die eingeschlafenen Beine.
»Was isch denn los, so früh am Morge?«
Streicher ging zum Waschtisch und goß kaltes Wasser in die Schüssel. »Tunk den Kopf hier rein, Dichter. Die Polizei steht unten.«
»Was sagscht'? Laß mich, hab' die ganze Nacht g'schriebe!«
»Sieh mal runter.« Streicher wies zum Fenster.
»Die Polizei?«

Zu dieser Stunde war Schiller für Späße noch nicht zu haben. Er reckte sich nochmals und schlurfte zum Fenster. Unten traten zwei Uniformierte von einem Bein aufs andere. Es war kalt.
Blaue Röcke mit rotem Aufschlag und Zinnknöpfen, Hüte mit weißen Borden, Säbel: Allerdings, das waren zwei der Mannheimer Polizeivisitatoren.
»Was schleppst' die in solcher Herrgottsfrühe zu mir? Ich hab' nichts verbroche, nicht mal das Nachtg'schirr aus dem Fenster g'schüttet.«
»Laß die Witze, Fritz, es ist ernst. Ihr Hauptmann will wissen, ob du eine Frau Korporalin Fricke kennst. Die ist in der Nacht aus Stuttgart geflohen und sitzt jetzt im Turm. Sie behauptet, du würdest sie kennen, und sie hätte für deine Schuld gebürgt. Die Gläubiger wollen jetzt Geld sehen. Und deshalb ist sie auf und davon. Die Stuttgarter Polizei war schneller als die Korporalin. Man hat sie gleich hier am Tor festgesetzt.«
Schiller war noch bleicher geworden.
»Die Korporalin Fricke ... Ja, sie hat für zweihundert Gulden gebürgt. Ich dacht', es hätt' noch Zeit.«
»Wenn man erst weiß, daß sie wahr redet, wird man dich festsetzen, Fritz!« Streicher suchte sich einen Weg über die am Boden verstreuten Blätter zum Sessel.
»Zweihundert Gulden! Ich hab' nit mal mehr zwei!« Schiller tauchte mit dem Kopf in die Waschschüssel.
»Ich hab' im Moment auch nichts. Ich weiß auch nicht, wer helfen könnte.« Streicher, der fast nie rauchte, stopfte sich eine der Pfeifen seines Freundes und zündete sie an.
»Muß denn alles auf einmal kommen! Schick die Leut' weg, vertröst sie, sag ihnen sonstwas. Ich weiß im Moment auch nit weiter.«
Streicher schloß die Fensterflügel wieder und ging nach unten.

3. Kapitel

Der Tag ließ sich gut an, obwohl es recht kühl war so früh. Es war Dezember. Endlich einmal weg aus den Mannheimer Verhältnissen, die ihm schon lange zu eng geworden waren.
Der Falbe trabte die Wallgasse hinunter, entlang der Festungsmauer. Er wollte nicht die ganze Stadt aufwecken. Das Pferd hatte er schon vorige Woche beim Postmeister bestellt und gemietet. Der windige Bursche hatte ihm, für einen halben Dukaten Draufgeld, ein gutes und auch gutmütiges Pferd ausgesucht; denn er gehörte durchaus nicht zu den großartigen Reitern. Wenn es nur ging, mied er die eigensinnigen Tiere. Mit gemischten Gefühlen erinnerte er sich der leidigen Reitstunden auf der Militärakademie. Am Jahresende hatte er es nie über »Reuten: schlecht!« hinausgebracht, wie überhaupt in den körperlichen Übungen, die Fechterei eingeschlossen.
Heute hatte er sich einen Hirschfänger unter den dicken Mantel geschnallt, denn die Straßen in den Bergen waren so sicher nicht. Zu Pferd aber mußte er schon in Darmstadt erscheinen, nicht mit der ordinären Post, das war er sich schuldig.
Schiller kam an das Neckartor. Die Wachen traten aus den Bogengängen beidseits des überbauten Tores, ließen ihn aber wortlos passieren, als er seinen großen Schlapphut gelüftet und das Reiseziel angegeben hatte. Vor der Stadt überquerte er die Wehranlagen, ritt über den Festungsgraben und war schließlich auf der Neckarbrücke. Drüben zögerte er einen Moment, welchen Weg er nehmen solle, entschied sich aber nicht für den Ritt durch die Neckargärten zur Frankfurter Straße, sondern querüber durch Kefferthal und Viernheim gleich zur Bergstraße. Er klopfte dem Falben den Hals und gab ihm die Sporen. Acht Meilen lagen vor ihm, die wollten bewältigt sein, und sechs Stunden hatte er sich für die Reise gegeben. Die halbe Meile auf der Chaussee nach Kefferthal ließ er dem Pferd die Zügel. Dann ging es im Schritt und im Trab

weiter; der Pfad durch den Wald wurde schwieriger. Er fühlte nach der Brieftasche unterm Mantel. Sie war an ihrem Platz. Ein schlechtes Gewissen hatte er, wenn er an die anonymen Verehrer in Leipzig dachte, die sie ihm schon vor sechs Monaten mit Bildnissen und Begleitbriefen geschickt hatten. Bis jetzt war er eine Antwort schuldig geblieben. Ihm war nicht danach zumute gewesen. Gleich nach der Rückkehr würde er schreiben.

In der schön bestickten Brieftasche steckte der erste Akt seines »Don Carlos«. Davon hing viel ab für ihn auf dieser Reise: Die Gunst eines Fürsten und dadurch in den Augen der Leute Ansehen, das ihn aus den wirtschaftlichen Schwierigkeiten bringen konnte. Charlotte hatte ihn kürzlich auf einem Spaziergang vor der Stadt auf den Gedanken gebracht, als er ihr seinen Wunsch nahe zu bringen versuchte, aus dem leid gewordenen Mannheim wegzugehen. Charlotte wollte von einer neuerlichen Flucht nichts wissen, ja, sie war betroffen und traurig über solche Pläne.

Aber dieses ewige Anbiedern, diese immer neuen Abhängigkeiten! Wie sollte man da seinen Idealen leben – und seinen Möglichkeiten! Es war ein Teufelskreis. Keiner der Großen, Wieland in Weimar vielleicht ausgenommen, hatte es geschafft, als freier, unabhängiger Schriftsteller zu leben. Der Herzog von Weimar, Carl August, jedoch war immerhin keiner jener dummen und oberflächlichen Fürsten. Der war belesen, kunstinteressiert, aufgeschlossen. In der Weihnachtswoche hielt er sich am Darmstädter Hof auf, bei seinem Schwiegervater. In diplomatischen Angelegenheiten, wie es hieß, zur Begründung des Fürstenbundes.

Das war eine Gelegenheit. Schiller hoffte, von Carl August empfangen zu werden. Charlotte hatte ihm Empfehlungsbriefe für den Hof mitgegeben, die ihm Türen und Ohren öffnen sollten. An Freiherrn von Seckendorff und an ein Fräulein von Wolzogen, Erzieherin der Prinzessin Luise von Mecklenburg-Strelitz, die beide entfernte Verwandte der Kalbs waren und beide am Darmstädter Hof weilten.

Das Pferd ging schon einige Zeit langsamer und schaukelte ihn mächtig durch, so daß er aufschreckte. Er war aus dem Wald herausgekommen und befand sich nun auf einem sanft ansteigenden

Hang. Weinberge beidseits des Wegs und oben die Ziegeldächer von Weinheim. Dahinter die an den Horizont geschichteten dunklen Rücken des Odenwaldes. Die Sonne hing schon als blasse, gelbliche Scheibe knapp über den Bergen. Es würde ein sonniger, fast lauer Tag werden, so gar nicht dezemberhaft.
Er streckte sich im Sattel, klatschte dann seinem Pferd übermütig auf die Hinterbacken, so daß es einen Schritt zulegte. Es war Frühstückszeit. Ein Wirtshaus an der Straße, der »Pfälzer Hof«, wie eine breite Tafel am Haus verkündete, kam ihm gerade recht. Auch dem Pferd, merkte er, als es von sich aus in den Hof einschwenkte.
In der niedrigen, geräumigen Wirtsstube war er der einzige Gast. Eine rundliche Frau nahm ihm sogleich Mantel, Rock und Hut ab und schob ihn wortlos an einen Holzbohlentisch gleich neben dem großen Kachelofen. Schiller machte die Beine lang unter dem Tisch und wühlte in den Taschen nach Pfeife und Tabaksbeutel. Bestellt hatte er noch nicht; er war gar nicht dazu gekommen. Die Wirtsfrau hantierte scheppernd in der Küche, kam gleich darauf mit einer dampfenden Suppenschüssel, mit einem Krug Milch und Brot. Schiller hatte die lästige Perücke neben sich an die Stuhllehne gehängt.
»Der Herr wird doch nicht seinen Schopf hier hängen lassen! Nun gib Er auch noch die Stiefel. Wir wärmen sie Ihm durch für die Reise!«
Er schob die Stiefel, die er unter dem Tisch schon halb ausgezogen hatte, vor und machte sich über die Suppe her.
»Mag der Herr Wein oder Branntwein?«
»Nun ja, ich weiß nit so recht . . .«
»Also bekommt Er Branntwein, das feuert durch für eine Weil', auf den Gäulern ist's allemal zugig!«
Schiller hatte gut gegessen und steckte sich nun endlich die Pfeife an. Die Wirtin gefiel ihm. So direkt und unkompliziert waren die Leute, mit denen er meistens Umgang hatte, nicht. Frau Höltzel vielleicht, an sie erinnerte die Wirtsfrau. Und schon waren sie wieder da, die bösen Erfahrungen der vergangenen Wochen, die Ängste, die Scham und die Peinlichkeit, Geld aufzutreiben, weil jemand für ihn in Schuldhaft saß . . .

Nachdem Streicher mit den Polizeivisitatoren weggegangen war, um den Hauptmann erst einmal zu beschwichtigen, hatte Schiller sich aufs Bett geworfen und nichts getan, als über sein verdammtes Schicksal zu grübeln. Natürlich fiel ihm der letzte Brief des Vaters wieder ein mit den bitteren Vorwürfen und der kaum verborgenen Sorge:

»Mein Sohn! Schon lange habe ich Seine gegenwärtige Lage voraussehen können, zu der der Anfang schon in Stuttgart gemacht worden. Ich hab' Ihn treulich dafür gewarnt, allen Aufwand, der Sein Einkommen übersteigt, zu vermeiden und sich in keine Schulden zu verwickeln, die zwar geschwinde gemacht, aber schwer zu bezahlen sind. Er hat alle meine Gründe bestritten, alle meine Lehren, alle Hoffnungen und andere Erfahrungen hintangesetzt und ist nur solchen Phantasien und Leuten gefolgt, die Ihn letztlich ins Verderben stürzen mußten. Gott selbst hat zu Seiner Selbsterkenntnis keinen andern Weg wählen können, als Ihn in den äußersten Druck kommen zu lassen. Inzwischen muß Er den Mut nicht sinken lassen und an Seiner Lage verzweifeln, vielmehr mit Tätigkeit dagegen arbeiten, hauptsächlich aber sich bei Freunden und Leuten, die Ihm Erleichterung schaffen können, aus übel angebrachtem Stolz nicht verbergen . . .«

Der Vater hatte recht, auch wenn er seine Beweggründe nicht verstehen wollte, die Zwänge nicht kannte. Zweihundert Taler mußten her, und das in kürzester Zeit. An die alten Gläubiger konnte er sich nicht mehr wenden.
Zwei Tage war er als Bittsteller bei Bekannten und Verehrern in Mannheim gewesen. Vergeblich. Alle klagten nur über die schwierigen Zeiten. Und die engeren Freunde konnten ebenfalls nicht helfen. Charlotte hatte tatsächlich nichts zu vergeben. Die Kalbs waren erst kürzlich durch eine vertrackte Erbschaftsangelegenheit in Schwierigkeiten geraten. Schwan bedauerte, die Geschäfte hätten im Moment größere Investitionen gefordert. Die Kurfürstliche Deutsche Gesellschaft hatte zur Zeit keine Mittel für Darlehen.

Es schien alles verbaut, sein bürgerliches Ansehen war ruiniert, wenn er die Korporalin nicht aus der Schuldhaft befreite. Seine Existenz desgleichen, wenn er sich selbst in den Schuldturm setzte oder gar floh aus der Pfalz. Er spielte ernsthaft mit dem Gedanken, sich einem der Werber zu verkaufen und sich in die Kolonien verschikken zu lassen. Das wäre das Ende. Ein ganzes Regiment mit vielen seiner Karlsschulkameraden war im nordamerikanischen Krieg geblieben.

Er aß nicht mehr in diesen Tagen, er ließ sich nicht mehr rasieren und öffnete die Fensterläden nicht mehr. Die halbe Nacht bis in den frühen Morgen lief er ziellos durch die Straßen. Als er am dritten Tag früh in sein Zimmer trat, todmüde, durchfroren und mit noch stärker geröteten Augen als sonst, lagen ordentlich ausgerichtete Guldenhäufchen neben der flackernden Kerze auf seinem Schreibtisch, dazu ein linkisch geschriebener Zettel:

»Wie ich hörte ist der Herr Schiler in nöten. Wenn das gelt würkung machte solle Er es nehmen, bis Er besser bestellet sei.«

Und darunter: »Anna Höltzel.«

Er ließ sich in den Sessel fallen, maßlos erleichtert, und schlief unversehens ein. Als dann Streicher kam, kam auch die Erklärung: Die Höltzels hatten Schiller mit zunehmender Sorge beobachtet, schließlich Streicher abgepaßt, der zunächst nicht mit der Sprache heraus wollte, dann aber alles erzählte.

Zweihundert Gulden lagen nun auf dem Tisch, ihre Ersparnisse vieler Jahre.

Schiller murmelte wohl vor sich hin, schüttelte gar den Kopf in Erinnerung an jene unverhoffte Rettung.

Die Wirtsfrau erschien, aber er wollte nichts mehr bestellen, er mußte zahlen und weiterreiten. Zwölf Kreuzer das Ganze, hier sollte man leben.

Der Falbe, der inzwischen auch versorgt worden war, stand schon im Hof Weiter ging es. Die Straße auf halber Höhe zwischen Rhein-

ebene und Berglandschaft führte an den Hängen entlang in nördlicher Richtung. Nur selten begegnete ihm ein Reiter oder ein Fuhrwerk. Bei Heppenheim, der guten Hälfte seines Weges, markierten Zollschranken die Landesgrenze nach Hessen. Er hatte nichts zu verzollen und konnte ungehindert weiterreiten.
Gegen Mittag, am Westabfall des Odenwaldes, glaubte er weit vorn in der Ebene schon die Umrisse Darmstadts zu sehen. Eine kleine Stunde, und er würde am Ziel sein.
Die landgräfliche Haupt- und Residenzstadt hatte nicht die Größe Mannheims. Schiller ritt durch das Bessunger Tor im Süden der Stadt ein. Durch enge, spätmittelalterliche Gassen – anders als im großzügig angelegten, modernen Mannheim – kam er auch bald auf den Markt, an den sich das Gelände des zweiflügligen Schlosses anfügte. Er brachte das Pferd mit Mühe zum Stehen. Drüben, an einer Fassade der anderen Marktseite, hing ein Gasthausschild. Da würde er vielleicht Morgensonne in der Kammer haben.
Schiller ritt hinüber, durch die übelriechenden Pfützen auf dem Pflaster. Die Hunde, die im Abfall wühlten, sprangen jaulend zur Seite und unter die Marktstände. Vor dem Gasthof stieg er ab, ein Stallknecht nahm den dampfenden Falben am Zügel und führte ihn durch die breite Einfahrt in den Hof. Und in der Tür stand schon der Wirt und begrüßte den neuen Gast übertrieben ehrerbietig. Schiller stand bald in einer geräumigen Kammer mit Fenster zur Marktseite. Die wenigen Gegenstände und Kleider, die er mitgenommen hatte, verstaute er in dem großen Bauernschrank.
Es klopfte, eine Magd trat herein mit einem Krug Wasser und einem Korb Holz und legte nach im Ofen.
In der kleinen Stadt fand er sich schnell zurecht. Mehrmals am Tage fragte er die Wirtsleute nach Briefen für ihn vom Hofe.
Am Weihnachtsabend dann lag ein gesiegelter Brief auf dem Stubentisch. Das Siegel der Wolzogens: Das Fräulein bedauerte die Verzögerung, aber bei Hofe sei man zur Zeit sehr beschäftigt, sie wünsche ihm ein gesegnetes Fest. Und der Herr Dichter Schiller wäre vom gnädigen Herrn Landgrafen Ludwig IX. und Seiner Durchlaucht, dem Herzog Carl August von Sachsen-Weimar,

wohlwollend aufgefordert, am zweiten Weihnachtstage, abends um fünf Uhr, vor dem versammelten Hof aus seiner neuesten dramatischen Dichtung zu lesen.
Der herrschaftlich gesiegelte Brief aus dem Schloß hatte im Gasthof Aufsehen erregt, zumal ein landgräflicher Diener ihn überbracht hatte. Man vermutete, Schiller sei eine hohe Standesperson, die sich nicht zu erkennen geben wolle, und behandelte ihn mit großem Respekt.
Die Stunden bis zum zweiten Feiertag zogen sich hin. Er nutzte sie für Vortragsübungen seines »Don Carlos«. Vor seiner Abreise hatte Charlotte ihn noch mehrmals lesen lassen, damit er seine Vortragsweise verbessern konnte: Hier am Hofe mußte er Eindruck machen. Die Hofdämchen, Schranzen und galanten Schwätzer, die mit Sicherheit dabeisitzen und sich heimlich langweilen würden, konnten ihm zwar den langen Buckel runterrutschen, aber auf den Herzog und die landgräfliche Familie kam es an.
Am sechsundzwanzigsten Dezember endlich, abends um halb fünf, stieg er aufs Pferd, um die lächerlich kurze Strecke zum Schloß zu reiten. Der Wache wies er den Wolzogenschen Brief vor und nannte seinen Namen. Zwei Diener sprangen aus einer Nische, der eine führte das Pferd am Zügel vor die innere Marmortreppe, der andere half ihm aus dem Sattel, dann aus dem Mantel. Ein dritter, dem man das wichtige Amt ansah, stellte sich als Kammerdiener des Landgrafen vor und begleitete Schiller durch endlose Gänge, durch stuck- und goldbeladene Vorhallen und Säle mit deckenhohen Spiegeln, zahllosen Gemälden und Skulpturen. Prunk kannte Schiller zur Genüge aus den Schlössern Karl Eugens von Württemberg, seines früheren Landesherrn und Akademie-»Vaters«. Hier aber erschien alles etwas feiner und kunstsinniger ausgewählt.
Sie gelangten in einen gemütlicher eingerichteten Raum. Der Kammerdiener bedeutete ihm zu warten, Frau von Wolzogen würde gleich erscheinen.
Und sie erschien auch sogleich durch eine der drei großen Flügeltüren, im Hofstaat. Zwei Finger ihrer Linken hielten die weit fallenden Röcke, die rechte Hand wedelte mit einem zierlichen Fächer.

Schiller hatte sie sich anders vorgestellt, jünger: Auf ihn zu kam ein hageres, ältliches Dämchen, der reichliche Puder konnte die Falten im Gesicht nicht verdecken. Er hatte Mühe, sich seine Enttäuschung nicht anmerken zu lassen. Aber das Fräulein war über die Maßen freundlich und herzlich. Die höfische Verbeugung geriet ihm unerwartet galant.
Sie reichte ihm die abgewinkelte Hand zum Kuß, dann hakte sie ihn unter, führte ihn zum Sofa und plauderte unentwegt, aber durchaus geistreich. Schiller kam kaum zu Wort. Gleich würden der Herzog und der Landgraf erscheinen, erfuhr er nebenher. Und mich erlösen, fügte er für sich in Gedanken hinzu.
Er nickte hin und wieder verständnisvoll, bemerkte scheinbar interessiert: »Ach?« und »Tatsächlich?« und »Nun ja . . .«, war aber eine Weile schon ihrer Rede nicht mehr gefolgt. Die Finger seiner Linken klopften den Takt der fünffüßigen Jamben auf die Sofalehne.
»Die schönen Tage in Aranjuez / Sind nun zu Ende. Eure königliche Hoheit . . .« Wie beginnt man am besten? Verhalten erst und leise? Was hatte Charlotte nur geraten für den Anfang?
»Der Herzog, Herr Schiller . . .«
»Ach, wirklich?« Er lächelte Fräulein von Wolzogen liebenswürdig zu.
»Der Herzog von Weimar!« Ihr Ton hatte jetzt etwas Dringliches. Da stand Carl August schon vor dem Sofa. Schiller fuhr hoch, versuchte eine elegante Verbeugung, die ihm gründlich mißriet, weil sein Fuß zwischen Sofa und Tischchen klemmte und seine etwas zu schwungvolle Armbewegung beinahe eine Porzellanschale erfaßte.
»Frau von Wolzogen hat Sie schon gänzlich für sich gewonnen, wie mir scheint. Aber ich entführe Sie jetzt. Endlich lernt man den berüchtigten ›Räuber‹-Dichter von Angesicht kennen! Kommen Sie, ich stell' Sie dem Landgrafen und dem Hof vor!«
Der Herzog nahm Schiller beim Arm und überspielte die merkwürdige Begrüßung. »Da wird die Sache einfacher«, fügte er gleich hinzu, mit einem Maß an unfürstlicher Vertrautheit, daß Schiller darauf gefaßt war, gleich noch einen aufmunternden Rippenstoß zu bekommen.

»Und wie war die Reise von Mannheim? Ach, eine unnütze Frage. So viele Räder hat kein Wagen, wie auf diesen Straßen hier brechen können!«
»Ich bin geritten, Euer Durchlaucht.«
»Zu Pferd ist Er gekommen? Das macht Ihn mir noch sympathischer!« Sie betraten einen hellen, weitläufigen Saal, hell nicht nur durch die zahlreichen Leuchter an Wänden und Decke, sondern auch durch die hohen Fenster an beiden Längsseiten.
Die Hofgesellschaft stand schon in Grüppchen herum, wedelte mit den Fächern und machte sich gegenseitig Komplimente. Der Herzog führte Schiller zur landgräflichen Familie. Der Landgraf von Hessen-Darmstadt hatte sich erhoben, als er sie kommen sah, und blickte unter grauen Brauen neugierig-prüfend auf Schiller. Bei der Vorstellung gab es keine Probleme, und als die junge Erbprinzessin sogleich versuchte, Schiller in ein Gespräch über neueste literarische Tendenzen zu verwickeln, wurde sie vom Landgrafen unterbrochen. Der führte ihn zu einem Tisch an der Stirnseite, nahe dem Kamin. Hier solle er sich ein wenig sammeln, sich an die Atmosphäre gewöhnen. Eine solche Vorlesung zur Unterhaltung einer müßigen Hofgesellschaft – der Landgraf zwinkerte ihm tatsächlich zu dabei – sei immerhin ein schönes Stück Arbeit.
Schiller war wohler, die Befangenheit verschwunden. Er nahm sein Manuskript aus der Brieftasche, rückte Leuchter und Karaffe auf dem Tisch zur Seite und betrachtete den Saal.
Die in das spiegelnde Parkett eingelassenen verschlungenen Ornamente aus unterschiedlichen Hölzern hatten ihr Gegenstück in den Stuckreliefs der Decke. Das Schwere, Drückende der Gipsarbeiten wurde aufgehoben durch das große Oval des Deckengemäldes: Wolkenschichten, die sich nach oben hin zunehmend verloren und das Gefühl von Weite und grenzenloser Höhe hervorriefen, plötzliche Windstöße oder Vogelstimmen hätten nicht mehr verwundert.
Jemand klatschte mehrmals in die Hände. Der Landgraf erbat sich Aufmerksamkeit.
»Mesdames! Messieurs! Wir haben das exzellente Vergnügen, heute Herrn Schillers neueste dramatische Dichtung, von ihm

selbst deklamiert, zu hören.« Die Gesellschaft – zwanzig, fünfundzwanzig Personen – hatte im großen Halbkreis um das Tischchen Platz genommen, einige standen, auf die Lehnen gestützt, hinter den Stühlen der Damen, zwei jüngere Herren gar hockten auf dem Kaminsims.
Schiller sah Carl Augusts ermunternde Geste und begann:
»Don Carlos. Infant von Spanien. Ein dramatisches Gedicht. – Ich werde Ihnen, wenn Sie erlauben, den ersten Akt des Stückes vorlesen.« Er stand auf, das Manuskript in der Hand, und trat vor den Tisch. Die Blätter brauchte er nicht. Er hatte die Verse im Kopf.
»Die schönen Tage in Aranjuez / Sind nun zu Ende . . .«
Es war still im Saal. Er hörte sich selbst sprechen, merkwürdig fremd, als stünde er unbeteiligt neben sich. Charlottes Anleitung zeigte jetzt Wirkung: Mal war er der Beichtvater Domingo, mal der Don Carlos, er läßt das Gespräch zwischen beiden sich zuspitzen. Der verbitterte Carlos schüttet all seine Trauer, seinen Zorn, seinen Haß über den ahnungslosen Domingo. Denn ihm, Carlos, war die junge und schöne und empfindsame Elisabeth von Valois zugedacht gewesen; nun ist sie seine Mutter und unerreichbarer denn je. Hier hatte er sein Publikum schon gewonnen, es verfolgte die Szenen still und gespannt. Und als er Carlos mit der Stiefmutter zusammentreffen ließ, hatten einige der Damen schon ihre Spitzentaschentücher in den Händen.
Der neunte Auftritt würde das Wagnis auf die Spitze treiben. Doch Scheu hatte er nicht mehr vor diesem Kreis. Sollten diese Adligen doch hören, was er über die weltliche Ordnung dachte, diese Anmaßung, diese eigentliche Gotteslästerung. Und er las das Gespräch zwischen dem schwärmerischen, verliebten Don Carlos und Marquis Posa, dem Jugendfreund und Verteidiger des niederländischen Volksaufstandes.

»So tritt herunter, gute Vorsehung,
Laß dich herab, ein Bündnis einzusegnen,
Das neu und kühn und ohne Beispiel ist,
Seitdem du oben waltest. Hier umarmen,

Hier küssen sich vor deinem Angesicht
Zween Jünglinge, voll schwärmerischen Muts,
Doch edlern, bessern Stoffs als ihre Zeiten,
Getrauen sich den ungeheuren Spalt,
Wodurch Geburt und Schicksal sie geschieden,
Durch ihrer Liebe Reichtum auszufüllen,
Und größer als ihr Los zu sein – hier unten
Nennt man sie sonst Monarch und Untertan,
Doch droben sagt man Brüder . . .«

Schiller ging zum Tisch zurück, setzte sich, nahm einen Schluck aus dem Kristallglas. Es war geschafft, und man hatte ihm zugehört. Das Publikum hing noch den letzten Versen nach, hatte das Ende der Lesung noch nicht mitbekommen. Nun begann man zu klatschen, Bravorufe ertönten, einige standen auf und drängten zwischen den Stühlen nach vorn.
»Exzellent! Superb! Was für ein Genius, diese Jamben . . .!«
Schiller stand wieder auf. Was tut man jetzt am besten? Er deutete eine Verbeugung an, blätterte dann ziellos im Manuskript, rieb sich die Wange, nestelte am Jabot.
»Mesdames, Messieurs! Lassen Sie den Dichter Mensch sein. Beim Souper ist Gelegenheit genug, genauere Auskünfte zu bekommen.«
Der Herzog half Schiller aus der Verlegenheit. »Kommen Sie, bei Braten und Wein redet sich's angenehmer . . .«

Schiller saß wieder im Gasthof in seiner Kammer, sog tief an der längst ausgebrannten Pfeife, öffnete aber sogleich das Fenster einen Spalt, um angewidert den Tabakssaft hinunter auf die dünne Schneedecke zu spucken.
Nun hatte er einen »Charakter«, einen Titel, der zwar nichts einbrachte, bei den Leuten aber Wirkung machte.
Durch den Titel war er über Nacht zu einem anderen Menschen geworden, zu einem wichtigen, einem ehrenhaften, dem jedermann mit Respekt begegnen würde. Anders als dem Dichter, der nur wenigen wirklich etwas galt.

Er sprang vom Fensterbrett, ging zum Tisch und überflog zum wiederholten Male Carl Augusts Schreiben:

»Mit vielem Vergnügen, mein lieber Herr Doktor Schiller
ertheile ich Ihnen den Charakter als Rath
in meinen Diensten, ich wünsche Ihnen dadurch ein Zeichen meiner
Achtung geben zu können.
Leben Sie wohl

Carl August, Herzog zu Sachsen-Weimar.«

»Rat in Weimarischen Diensten! Ha!« Schiller schlug übermütig mit der Faust auf den Tisch. »Und als Rat reit' ich auch in Mannheim ein! Ein Degen muß her. Der Wirt muß sofort einen Schmied, einen Waffenmeister, kommen lassen . . .«

4. Kapitel

»Nun setz dich schon, und die Wand mußt du auch nicht anstarren.« Charlotte hob ihr Frühstückstablett vom Bett auf die nebenstehende Kommode und rückte das Kopfkissen zurecht, in das sie sich danach lehnte. »Oder hat dich noch nie ein Frauenzimmer im Nachtkleid empfangen? Und leg den Degen ab, mit mir mußt du nicht kämpfen.«
»Du bist ein wenig gereizt heute morgen.« Schiller sagte das leise und erstaunt, schnallte aber den Degen ab und stellte ihn neben die Kommode, wo er mit lautem Gerassel umfiel.
»Laß ihn liegen . . .«
Er zog sich einen Stuhl heran, setzte sich aber so, daß er Charlotte nicht direkt gegenüber saß.
»Gereizt? Vielleicht bin ich gereizt. Wie sollt' ich auch nicht!«

Charlotte wandte sich ihm halb zu, stützte den Kopf in die Linke und zog mit dem rechten kleinen Finger erdachte Muster auf dem Bettuch nach. Ein Duft von Parfüm und schlafwarmer Haut ließ seinen Blick über ihren zierlichen Hals und die nackte Schulter gleiten, dann aber wandte er sich sogleich wieder dem Fenster zu.
»Du hast schon recht. Ich habe mich Tage nicht sehen lassen. Die leidigen Händel mit den Schauspielern.«
»Ganz Mannheim weiß um deine Reisepläne. Nur ich muß es von den Dienstboten erfahren!« In ihrer Stimme schwangen Traurigkeit und Trotz mit.
»Wir hatten doch oft darüber gesprochen. Nur zur Messe.«
»Nur zur Messe?« Charlotte sah ihn zweifelnd an.
»Zur Jubilatmesse nach Leipzig. Schwan schickt Götz hin, geschäftlich. Da kann ich mich anschließen.« Er sprach hastiger, aus Angst, er könne Charlotte nicht überzeugen. »Und durch die Leipziger Freunde hab' ich jetzt bessere Gelegenheit, Kontakte zu knüpfen. Ich muß einen Buchhändler finden, der mir die ›Thalia‹ ganz abnimmt. Du weißt doch, die Krämergeschäfte sind mir so lästig!«
Charlotte spielte jetzt mit der Schleife an ihrem Dekolleté und zog damit erneut seine Blicke auf sich.
»Du wirst schlecht von Mannheim loskommen. Deine Verbindlichkeiten. Man wird denken, du willst dich davonstehlen.«
»Nein, nein. Man wird dreihundert Taler Vorschuß aus Leipzig schicken . . .«
»Du hast alles aufs genaueste geregelt!«
»Ich muß endlich meine Geschicke selbst in die Hand nehmen, wenn ich als freier Schriftsteller eine Chance haben will.«
»Ohne Zugeständnisse wird das nicht abgehen.«
»Und raus muß ich mal aus diesem Sumpf von Kleinlichkeit und Mißgunst und Engstirnigkeit!«
»Du mußt nicht dauernd die Tür beobachten. Der Kalb ist in Landau bis in die nächste Woche.«
Charlotte war sichtlich erheitert.
»Versuch nicht erst, dich rauszureden, Fritz. Die pikante Situation wär' vielleicht gar in einem Stück unterzubringen?«

»Charlotte, ich muß noch zur Poststation am Vormittag.« Schiller wollte aufstehen.
»Du wolltest mir von den Schauspielern erzählen.« Charlotte hatte die Bettdecke zurückgeschlagen, sprang aus dem Bett und ging zum Fenster, wobei sie ihn im Vorbeigehn mit sanftem Druck auf den Stuhl zurückwies.
»Es wird wohl doch bald Frühling«, hörte er sie zum Fenster gewandt sprechen. Die frühe Märzsonne hob ihre Körperkonturen unter dem Seidenstoff scharf hervor. Zu scharf und zu sinnlich. Er lockerte sich den Kragen und wollte antworten, mußte sich aber räuspern und erneut ansetzen.
Charlotte ging, barfüßig, mit fast tänzerischen Schritten vom Fenster weg, kam wie zufällig an der Tür vorbei und drehte spielerisch den Schlüssel im Schloß. Dann setzte sie sich an das Toilettentischchen in der Ecke, hantierte mit Kämmen, Fläschchen und Stiften und drehte den Spiegel so, daß sie Schiller im Blick hatte.
»Nun ja, die Schauspieler«, begann Schiller wieder.
»Ich nehme an, sie haben die Rezensionen über ihr Spiel in deiner ›Thalia‹ gelesen. Sie waren vielleicht ein wenig zu sanft, aber treffend.«
»Diese Schmierenkomödianten, vor allem dieser Rennschüb!« In Schiller stieg die Galle wieder hoch. »Wenn ich bei seiner Beurteilung meinem bessern Gefühl hätte folgen wollen, wären Mord und Totschlag die Folge gewesen. Und Boeck entblödet sich nicht, auf öffentlicher Bühne mit Gebrüll und Gebraus und Händen und Füßen gegen mich auszuschlagen und auf die pöbelhafteste Art von mir zu reden!« Er schnaubte verächtlich.
»Und du hast nichts dagegen gesetzt?«
»Hier wird es Mode, daß Komödianten den Dichter schulmeistern. Natürlich hab' ich dagegen gesetzt. Einen bitterbösen Brief geschrieben an Dalberg, den zweiten schon in solcher Sache, diesmal als ›Rat in Weimarischen Diensten‹!«
»Unruhe gibt es in der Stadt. Die Gerüchte . . .«
»Das Geschwätz ist unerträglich geworden. Ein Sumpf eben, ein Sumpf.«
»Warum kommst du dann nicht zu mir?«

»Soll ich mich immer nur ausjammern bei dir? Und dein Mann ist schließlich nicht blind und taub. Ich kann ihm kaum noch ehrlichen Herzens begegnen.«
»Mein Mann? In unserm Ehekontrakt steht nichts von Liebe. Von Familienvermögen kannst du da lesen. Was glaubst du, was er in der Garnison treibt?« Die Schleife an Charlottes Nachtkleid hatte sich nun vollends gelöst.
Schiller spürte, wie seine Hand zu zittern begann, und er hielt sie mit der anderen. »Ich werd' ihm nicht mehr unter die Augen treten können.«
»Friedrich, viele leben zu dritt miteinander, und allen ist geholfen dabei, und keiner nimmt Anstoß . . .«
»Ich bin ein bürgerlicher Komödienschreiber, ein ewiger Schuldenkünstler, und du? Du bist eine geborene Marschalk von Ostheim!«
»Laß die finstern Gedanken jetzt, Friedrich. Ist dir nicht sehr heiß? So in Rock und Kragen . . . Wart einen Moment nur.« Charlotte stand auf, blickte kurz unter dunkel getönten Wimpern zu ihm herüber und verschwand hinter der kleinen Tapetentür.
Schiller atmete tief durch und erhob sich auch. In einem plötzlichen Entschluß rückte er sich die Kleider zurecht, legte den Degen an und flüchtete.
Aus dem Zimmer. Aus dem Haus. Aus den schönen und zukunftslosen Verwicklungen.

Leipzig
1785

»Als rauchte hinter mir die Welt in Flammen auf . . .«

5. Kapitel

Die zweite Flucht schon. Nach der aus Württemberg nun die aus Mannheim. Und wieder nur ins Ungewisse. Ins Ungewisse? Hier warten Freunde, hier sind andere Verhältnisse.

Die Postkutsche ratterte über eine halbwegs feste Straße, machte nur von Zeit zu Zeit einen plötzlichen Schwenk nach rechts oder links, um langsamere Fuhrwerke zu überholen. Dann warf es die Fahrgäste jedesmal hoch und an die Seitenwände. Schiller versuchte mühsam, die Beine auszustrecken, aber nach acht Tagen scheußlicher Rüttelei ließ sich kaum noch eine bequemere Haltung finden. Er trommelte im Rhythmus der Fahrt mit den Fingern auf die Armlehne: »Als rauchte hinter mir die Welt in Flammen auf . . .« So wird er Carlos zur Eboli sagen lassen.

Mannheim ist vorbei, vergessen. Die Brücken sind zerschlagen. Obwohl ihn viele Fäden noch banden, Charlotte, Margaretha Schwan. Und Streicher natürlich, der Freund. Die Abschiedsnacht hatten sie mit reichlich Burgunder verkürzt und sich in die Hand versprochen, einander nicht eher zu schreiben, bis Streicher Kapellmeister und er Minister geworden wären.
Schluß nun mit dem Träumen und Schwärmen. Hier wird ein neues Leben begonnen, das Studium muß abgeschlossen werden. Und an einem der kleinen sächsischen Höfe wird sich schon eine achtbare Anstellung finden, ein sicherer Brotberuf, der die Schriftstellerei nebenher ermöglicht . . .

»Die Pleißenburg!«
»Was? Was sagen Sie?« Götz hatte ihn aus seinen Betrachtungen geschreckt.
»Der Turm der Pleißenburg ist schon zu sehen, da!« Götz drückte mit seinem Buchhalterfinger gegen die Scheibe. »Eine Viertelmeile noch.«
»Ah, endlich ist diese Marter zu Ende!« Schiller setzte sich auf. »Die Pleißenburg . . .«
Nun war auch schon eine Anzahl Kirchtürme zu sehen, nur zeitweise gaben die schmalen Waldstreifen in der weiten, flußlaufdurchzogenen Auelandschaft den Blick frei auf ferne Dächer.
Das Dorf Lindenau hatten sie soeben passiert. Die Kutsche rüttelte jetzt über einen breiten Straßendamm den Ansiedlungen vor der Stadtmauer entgegen. Die Wagenreihen, die sie überholten, wurden länger. Meßzeit, Jubilatmesse; Sonntag, der 17. April 1785.
Der Kutscher trieb noch einmal, vor den Leuten auf Wirkung bedacht, die vier Pferde an. Extrapost aus dem Süddeutschen, das verpflichtet. Sie passierten das Ranstädter Tor, der Wagen war lehmbeschmiert bis zu den Achsen, die Scheiben matt von Staub und Schlammspritzern. Die Hainstraße hoch, im gleichen Tempo durch die aufkreischende Menge von Hökerweibern, Händlern, Müßiggängern. Halbwüchsige versuchten, hinten aufzuspringen, ließen aber bald davon ab und rannten nebenher.

Dann ging es über den zu dieser vorgerückten Nachmittagsstunde noch von Menschen brodelnden Markt in die Petersstraße. Das Posthorn ertönte zum letzten Male auf dieser um zwei Tage längeren Fahrt als gewöhnlich, da bremste der Wagen schon scharf vor dem Gasthof »Zum Blauen Engel«.
»Heilige Mutter, der Kerl ist ein Höllenkutscher«, stöhnte der erschrockene und bleiche Götz aus seinen Kissen. Die Wagentüren wurden von außen geöffnet. Götz, noch immer benommen, stieg als erster aus.
»Herr Rat Schiller?« Der Wirt verwies mit einer Handbewegung zugleich seine Leute auf das Gepäck.
»Nein, nein. Götz. Buchhändler Götz aus Mannheim. Das ist Herr Schiller.« Er zeigte hinter sich, aber Schiller war zur gegenüberliegenden Tür ausgestiegen, reckte sich gehörig und musterte die großstädtische Straßenschlucht mit ihren vielfach verzierten Fassaden. Der »Blaue Engel«, hoffentlich ein guter Engel für seinen Leipziger Neubeginn! Der Wirt war um die Kutsche gelaufen und musterte aus einigem Abstand den langen, jungenhaften Rotblonden. Man hatte hier den wilden Dichter der »Räuber« erwartet, mit Kanonenstiefeln und Schleppsäbel. Nun stand vor ihm einer, der sich nicht unterschied von anderen feingekleideten Bürgern, der ihm dazu noch den wohlberechneten Empfang verdarb, weil er auf der falschen Seite aus dem Wagen stieg!
»Wenn Sie mir die Ehre machten, ins Haus zu folgen, Herr Rat. Es ist alles aufs beste gerichtet.«
Sein geräumiges, gediegen möbliertes Zimmer lag mit zwei Fenstern zur Straße, weit oben, so daß der Messelärm nur gedämpft heraufdrang. Ein Diener hatte das Gepäck nachgebracht und war lautlos wieder verschwunden. Schiller, der sich in Rock und Schuhen auf das Bett geworfen hatte, sprang plötzlich wieder auf und wühlte Reisetintenfaß und Feder aus den Taschen.
Von den Freunden war keiner im Gasthof zu seinem Empfang gewesen; wie sollten sie auch. Die tagelange Verspätung aufgrund der schlimmen Wege war nicht geplant. Dafür hatte ein seltsamer, aufdringlicher Mensch versucht, sich an ihn zu hängen, unten im

Gasthof. Zum Glück war er vom Wirt rücksichtslos weggedrängt worden.
»Mein lieber Huber. Endlich bin ich hier. Zerstört und zerschlagen von einer Reise, die mir ohne Beispiel ist . . .« Schiller faltete das Billett, siegelte es und klingelte nach dem Hausdiener.
»Lauf Er schnell zum Herrn Schriftsteller Ferdinand Huber und bring Er ihm das. Und er soll mir gleich Bescheid geben, hört Er: gleich!« Schiller schob den Diener ungeduldig zur Tür hinaus. Dann ging er, die Arme auf dem Rücken, zwischen Tür und Fensterfront auf und ab. Acht Schritte hin, acht Schritte zurück. Wird Huber auch Körner gleich mitbringen, den Freund, den er nur aus den Briefen kannte, obwohl ihm war, als hätten sie sich schon in der fernen Zeit am Neckar gekannt?
Er hielt ein, zündete die Kerzen auf dem Tisch und im Deckenleuchter an und begann, die lange holländische Pfeife zu stopfen.
Es klopfte, und noch bevor er sein »Herein!« gerufen hatte, stand ein langer Mensch in der Tür, in feinbesticktem französischem Frack und hochgeschlossener Atlasweste, das Haar locker nach hinten gebunden, unterm Arm Dreispitz und Stock.
»Das also ist Schiller! Sei willkommen in Sachsen!« Ludwig Ferdinand Huber warf Hut und Stock von sich und ging mit ausgebreiteten Armen auf Schiller zu. Sie umarmten sich mit Schütteln und Schulterklopfen. »Schenk Er ein, schnell!« Hinter der Tür stand der Hausdiener mit Champagnerflasche und Gläsern. Huber ging es zu langsam. Er nahm ihm Tablett und Flasche ab und warf mit dem Fuß die Tür vor dem erschrockenen Diener zu.
»Jetzt wird auf deine Ankunft getrunken, Friedrich, halte die Gläser!« Der Korken knallte in den Leuchter, daß der Kristallbehang wild zu klingeln begann.
»Auf den Dichter der Nation! Auf die Republik!« Huber stürzte sein Glas hinter und schenkte aufs neue ein.
»Nicht so laut, wenn man das hört im Hause . . .« Schiller sah beunruhigt zur Tür.
»Du bist hier nicht in Stuttgart oder Mannheim, Fritz. Der Hof ist weit. Hier herrschen die Dichter! Und die Krämer. Auf die

Republik also, ›gegen die Rom und Sparta Nonnenklöster‹ sein werden.« Er hakte Schiller unter und drehte ihn, mit den Füßen stampfend, im Kreise. »Das ist von dir, Fritz, du kannst deine ›Räuber‹ nicht verleugnen!«

»Mir dreht sich die Welt, laß uns setzen, Huber!«

»Ich hab' dir eine Studentenbude besorgt, Fritz, gleich neben meiner. Morgen kannst du umziehen. Der Wirt hier ist ein Halsabschneider.«

Wo ist Körner eigentlich? Warum ist er nicht mitgekommen?«

»Gottfried mußte nach Dresden, sein neues Amt antreten im Konsistorium. Aber die Mädchen sind da. Morgen am Vormittag stell' ich dich vor. Du hast mir von einem kleinen Betrug geschrieben, den wir verabreden wollen?! He, Fritz, was ist damit . . .«

Schiller schnarchte schon auf dem Bett, das Champagnerglas aufrecht in der Hand.

In der geräumigen Mansardenwohnung des verstorbenen Kupferstechers Stock im Haus »Zum silbernen Bären« gingen unablässig die Türen. »Kommt er schon?« Der Diener verneinte stumm zum wiederholten Male, und Dora Stock ging zurück in das Gesellschaftszimmer zu ihrer Schwester.

»Er wird doch nicht unpünktlich sein, Minna, was meinst du?« Dora drückte ihre Nase an die Fensterscheibe, aber von hier oben war die Kupfergasse sowieso nicht einzusehen.

»Es ist noch nicht die Zeit, Dora, er hat sich für Punkt zehn angesagt. Aber dein Dekolleté kannst du ein wenig höher schnüren!«

Dora trat vor den Wandspiegel. »Meinst du, der Schiller ist prüde? Denk mal, wie er schreibt über die Frauenzimmer! Minna, du mußt ihn begrüßen, er erschreckt mich bestimmt. Wenn er hereinrasselt mit seinem Säbel, und einen schwarzen Vollbart soll er auch tragen!«

»Groß und kräftig ist er, aber er hat Manieren, sagt man, und eine gewaltige Baßstimme. Und wer hat dir den Unsinn mit dem Bart erzählt?«

»Der Herr Rat Schiller«, meldete der Diener den Besuch.

»Wir lassen bitten.« Minna sagte das mit fester Stimme, und, zu Dora hinter dem Spinett gewandt, leiser: »Wo nur Huber bleibt? Du solltest deinen Verlobten mehr an Zuverlässigkeit gemahnen . . .«
Durch die Tür trat ein nicht sehr großer, dicklicher Jüngling, ein Spitzentaschentuch in der Hand, mit dem er ständig über Stirn und Mundwinkel fuhr.
»Ah, der Herr Schiller! Wie lange haben wir den Augenblick herbeigesehnt.« Minna hatte Mühe, sich ihr Befremden über diese Gestalt nicht anmerken zu lassen. Dora verbarg ihr Gesicht wegen eines Hustenanfalls hinter dem Fächer.
Der Gast küßte den Damen galant die Hände und setzte sich sodann unaufgefordert in den großen Ohrensessel am Ofen.
»Nun, meine Damen, da bin ich. Ich werde Sie doch nicht bei Ihren Handarbeiten gestört haben? Ja, ja, dieses behagliche kleinstädtische Klima, es ist doch auch mal reizvoll, wenn man so aus der Welt kommt. Nun, meine Damen, erzählen Sie mir. Was macht die Kunst hierzulande?« Er plauderte unentwegt, wechselte sprunghaft die Themen, war sogar amüsant und geistreich, und die Mädchen kamen kaum zu Wort. Als sie ihre Zurückhaltung gegenüber dem so ganz anders vorgestellten Schiller fast überwunden hatten, verabschiedete sich dieser und ging.
»Kommen Sie bald wieder, Herr Schiller, es war uns eine außerordentliche Freude . . .« Maria Stock, genannt Minna, setzte sich ratlos wieder auf das Sofa und schenkte sich Likör ein. »Ich muß sagen, ich bin ein bißchen überrascht.«
Bevor Dora erwidern konnte, stand der Diener in der Tür: »Herr Doktor Schiller!«
Herein schritt ein hagerer junger Mann mit stark gepuderter Perücke in livreeartigem Rock, an der Seite hatte er einen langen Säbel, der beim Gehen an die Sporen schlug.
»Der Herr Schiller! Und wir dachten . . .« Minna hatte das Glas abgestellt und stand auf.
»Ich komme ein wenig zu früh, meine Damen. Ich bitte um Verzeihung.«
»Nein, nein, das ist es nicht, nur . . .«

Der Mann mit dem Säbel trat an das Tischchen. »Sie gestatten doch? Die trockene Luft hier in der Stadt.« Und er schenkte sich hintereinander zwei Liköre ein. »Doch, doch. Ich bin zu früh. Aber ich hatte heut morgen schnell noch ein Drama geschrieben, und ehe ich ein neues beginne, so dachte ich, komme ich gleich noch bei Ihnen vorbei.«
»Oh ja? So schnell schreiben Sie?« Dora kam hinter dem Spinett hervor und betrachtete sich den Dichter aus der Nähe. Das störte den jedoch nicht; er hielt schon wieder ein frisch gefülltes Glas in der Hand.
»Man muß heute so schnell schreiben, mein Fräulein. Sonst würde man ja vom hurtigen Lauf der Zeit überrollt, meinen Sie nicht?«
»Und mit welch neuem Werk gedenken Sie dem ›hurtigen Lauf der Zeit‹ entgegenzurollen, Herr Doktor Schiller?« Dora wurde spitzzüngig.
»Nach dem Mittagsmahle schreibe ich einen Roman. Über die Frauen. Wie Sie vielleicht wissen, haben mich meine weltweiten Reisen in mannigfaltige amouröse Abenteuer verwickelt. Das schreit nach Kunst, mein Fräulein!«
»Ich glaube, Sie werden's noch ein Weilchen schreien lassen müssen, denn mit so vielen Likören im Blute, verwickelt's da nicht Ihre Zunge?«
Minna machte hinter dem Rücken des Gastes eine ärgerliche Handbewegung zu Dora hin.
»Aber Dora! Du wirst doch dem Herrn Schiller ein Gläschen Likör zugestehen! – Nehmen Sie sich nur, bedienen Sie sich. Wir haben noch mehr davon.«
Der Gast füllte sich tatsächlich nochmals ein, verabschiedete sich dann gleich, nicht ohne noch einige seltsam formulierte Komplimente ausgeteilt zu haben.
»Dora, ich weiß nicht mehr, was ich denken soll. Erst ein dicker Schiller, der ohne Pause redet, nun ein dürrer und eitler Schiller, ich kann mir keinen Reim darauf machen.«
Der Diener stand wieder in der Tür: »Da ist noch ein Herr Schiller draußen und bittet . . .«

»Was sagt Er, noch ein Schiller? Du gütiger Himmel, verschone uns!« Herein trat ein hagerer Rotblonder mit einer hervorstechenden Nase im blassen Gesicht, mit Sommersprossen und nicht sonderlich geordnetem Haar. Er drehte den Stockknauf in den Händen und wußte offensichtlich keinen Anfang.
»Der Herr Schiller! Welche Überraschung! Sie sind doch Herr Schiller?« Dora kicherte in ihren Fächer, Minna stand noch neben dem Sofa und sah den verlegen in der Tür Stehenden unwillig an.
»Ja. Friedrich Schiller. Gestern bin ich von Mannheim gekommen, und Ferdinand Huber . . .« Er stockte, ihm war diese Begrüßung sichtlich unangenehm. »Huber sagte, Sie würden mich erwarten heute, um zehn Uhr am Vormittag.«
»Mein Herr«, Minna räusperte sich, »mein Herr, es ist hier ein Mißverständnis. Wer Sie auch sein mögen . . .«
»Ich bin Schiller.«
»Wir haben nicht gewußt, daß der berühmte Dichter Schiller eine so zahlreiche Familie hat in Leipzig, daß es Mißverständnisse geben könnte.«
Er wurde rot, sprach aber kein Wort, sondern kniff die Lippen aufeinander. Minna wollte der merkwürdigen Situation ein Ende machen: »Darf ich Sie bitten, eine Rolle abzulegen, die Ihnen, wie ich sehe, unangenehm ist und die den Scherz, den man vorhaben mag, verderben könnte?«
Er schwieg noch eine Weile, sah Minna finster an, und seine Hände umschlossen den Stockknauf, daß die Knöchel weiß hervortraten. »Mein Fräulein! Eine Rolle kann ich nicht ablegen. Ich habe keine angenommen. Einen Scherz kann ich leicht verderben, ich bin nicht unterrichtet davon. So will ich mich lieber empfehlen.« Er verbeugte sich knapp und wollte gehen, stieß aber dabei mit dem Bedienten zusammen.
»Die beiden anderen Herren sind wieder draußen, und außerdem . . .« Huber kam herein mit hochrotem Gesicht vom zurückgehaltenen Lachen. Dora hatte die Sache durchschaut und trommelte ihrem Verlobten erbost auf dem Rücken herum: »Uns so hereinzulegen! Wart nur, ich nehm' mir den Schiller!«

Dora ging zu Schiller und zog ihn zum Sofa. »Diese Banditen machen sich ihren Spaß auf unsere Kosten. Kommen Sie, Friedrich, kommen Sie. Und die strenge Minna hat Sie so verschreckt!«
Schiller stieß hörbar die Luft aus und ließ sich auf das Sofa fallen, den Stock noch immer in den Händen.
»Huber, du Schlitzohr, das war meine Idee, auf die ich hereingefallen bin. Warte nur, bei der nächsten Gelegenheit!«
Huber wischte sich die Lachtränen aus dem Gesicht. »Beinahe wär's zu weit gegangen, Fritz, vergib uns. Die Burschen spielen auch zu gut.« Er trat zwischen den Dicken und den Hageren und schob sie zum Tisch. »Das sind Hempel und Schubert aus der Reineckeschen Theatertruppe. Sie wollen deinen ›Carlos‹ spielen. Schreib, damit du noch vor dem Abendessen fertig wirst!«

Eine aufgeregte, hektische Stadt.
Selbst in seinem Zimmer im Hofgebäude des »Kleinen Joachimsthals« war er nur eine knappe Stunde für sich gewesen, da kamen schon die ersten neugierigen Besucher: Sophie Albrecht, die Schauspielerin, bewohnte gemeinsam mit ihrem Mann das gleiche Haus. Eine gelungene Überraschung, zumal er beide von Stuttgart und Mannheim her kannte. Huber hatte ein Zimmer auf dem gleichen Flur, Leute der Reineckeschen Truppe machten ihre Aufwartung, und einige Studenten hatten ihn schon auf der Treppe erwartet.
Das Zimmer war nach seinem Geschmack. So, wie er es von Mannheim aus bei Huber bestellt hatte: eine Kommode, Bett und Sofa, Schreibtisch und Sessel. Parterre nicht und auch nicht unterm Dach, und seine Wirtschaft würde die freundliche Hausmutter übernehmen, die Vermieterin der Studentenbuden. Denn das hatte er Huber wissen lassen: »Ich stürze aus meinen idealischen Welten, sobald mich ein zerrissener Strumpf an die wirkliche mahnt . . .«
Nun waren sie unterwegs zum »geistigen Zentrum« der Stadt, wie Huber sagte. Zu »Richters Kaffeehaus«, wo sich echte und Scheinliteraten, Philosophen und Maler, Musiker und Geschäftsleute zur Schau stellten. Huber dirigierte ihn durch die Menge und erklärte Gebäude und deren Geschichte, verband mühelos die große Politik

mit geschichtsträchtigen Mauersteinen. Schiller nickte nur und schaute und behielt kaum etwas davon. Aber er spürte seine erschreckende Unwissenheit im Vergleich zu Huber. Er wurde durch ein weites, bogenförmiges Portal geschoben. Sogar hier, in der Vorhalle zum Treppenaufgang, hatten Händler ihre Stände aufgebaut. Als sie sich der zweiten Etage näherten, wogten ihnen Tabakswolken, Kaffeegerüche und Lärm in verschiedenen Tonlagen entgegen. Schiller strich mit dem Ärmel nochmals über die blanken Stahlknöpfe auf seinem grauen Rock.
Die großen, gußeisern gerahmten Glastüren und die zahlreichen deckenhohen Wandspiegel ließen die Räumlichkeiten sehr weitläufig erscheinen. Huber und Schiller zwängten sich zwischen vollbesetzten Tischen durch, an Billardspielern und Händlern mit Bauchläden vorbei, an Wänden, verziert mit sinnigen Sprüchen und allerlei merkwürdigen Gegenständen. Beidseits eines gewaltigen Kurfürsten-Bildnisses waren dicke bunte Engelchen auf den Putz gemalt, die dem Landesherrn pausbäckig mit Posaunen in die Ohren bliesen.
Von den Tischen schaute man auf, als sie sich vorbeischoben, und steckte gleich darauf die Köpfe zusammen: Ein unbekanntes Gesicht neben dem Halbfranzosen Huber . . .?
In einem der hinteren Räume, in den der Kaffeehauslärm gedämpfter drang, hielt Huber an: »Da wären wir. Dein künftiger Stammplatz hier!« Er wies auf einen Lehnsessel an der Wandseite des großen runden Tisches. Darüber waren Lorbeergirlanden gehängt.
»Es ist mir eine Freude, Herrn Rat Schiller in meinem Hause begrüßen zu dürfen!« Ein stämmiger älterer Mann, den Rock über der Bauchwölbung geöffnet, mit verästelten roten Äderchen auf den Wangen, poriger Knollennase und freundlichem Blick reichte Schiller die Hand. Keine lakaienhafte Verbeugung, kein untertäniges Geschwätz. Ein Bürgerlicher, der sich seines Standes bewußt war, selbständig; ihm kam die Welt täglich ins Haus.
Schiller schlug ein. »Die Freude ist ganz meinerseits, Herr . . .«
Jemand zupfte Schiller am Rockaufschlag, daß er sich unwillig zur Seite wandte.

»Der Herr Schiller wird einen Moment Zeit für mich haben. Nur einige Ratschläge will ich Ihnen geben.«
Das war doch der Mensch, der schon im »Blauen Engel« aufdringlich versucht hatte, in seine Nähe zu gelangen. Bevor Schiller den Lästigen barsch abweisen konnte, wurde der Mann von einer Gruppe Studenten beiseite gedrängt.
Sie faßten Schiller an Beinen und Armen, hoben ihn aus und warfen ihn unter Gebrüll mehrmals hoch. Dann setzten ihn viele Hände quer über den Tisch auf den vorbereiteten Dichterthron.
Schiller schwindelte es vom Geschüttel und von der Begeisterung der Leute. Er versuchte, im Sitzen das hochgerutschte Hemd in die Kniehose zu stopfen, aber der Degen klemmte im Sessel und hinderte. Also stand er auf, legte Degen und Rock ab und krempelte die Ärmel hoch.
»Huber, besorg mir zuerst einen Kaffee!«
»Einen Coffee für Schiller, einen starken!« rief einer der Studenten, und als Schiller dann seine Pfeife aus der Rocktasche kramte, wurden ihm mehrere Tabaksbeutel zugeschoben.
»Laßt Schillern erst mal Luft holen, ihr Müßiggänger, später ist Zeit!« Huber scheuchte die Ansammlung von Leuten vor dem Tisch auseinander. Sie zogen sich zurück; am Tisch blieben einige engere Bekannte Hubers.
Es war abzusehen: Der Kaffeehausbesuch würde sich wohl bis in den Abend ausdehnen.

6. Kapitel

Der schwere, herbe Geruch frisch geschnittenen Grases wehte von den Wiesen herüber. Zu früh für den Mai. Aber der Winter war fast übergangslos einem wuchernden Frühling gewichen.
Durch die weit offenen kleinen Giebelfenster drangen Dungdüfte und Küchenschwaden. Fernes Hämmern auf Eisen war zu hören und dumpfes Brüllen von Vieh. Beinahe schon eine Idylle, eine weltferne Zuflucht, der die nur halbstündige Entfernung zur Stadt nicht anzumerken war.
Georg Joachim Göschen, der Buchhändler und Freund Körners, seit kurzem Besitzer eines Verlages, hatte ihm die zwei winzigen Zimmer hier in Gohlis als Sommerwohnung vermittelt.
Und tatsächlich: Hier kam er nach den unruhigen Wochen in der Stadt einmal wieder zu ernsthaftem Arbeiten. Den energischen Abschluß seiner medizinischen Studien hatte er sich vorgenommen, ein neues Heft seiner Zeitschrift »Thalia« war im Entstehen, der »Carlos« war noch immer kaum weitergekommen. Da störte die kleinste Ablenkung. Und er war leicht abzulenken.
Schiller hockte grübelnd über allerlei Schriftkram am kleinen ovalen Tisch, den er sich unter die Fenster gerückt hatte, und sprach halblaut vor sich hin:
»Das wären, nach Abzug der Unkosten, das wären ungefähr . . .«
Plötzlich sprang er auf und zwängte seinen langen Oberkörper aus dem Fenster. »Scheuch Sie die Hühner weg vor meinem Fenster, wie soll man da arbeiten!«
Die Magd blickte erschrocken zu ihm hinauf, aber gleich wieder weg, denn der rotblonde Dichter beschloß seinen Zornesausbruch mit einer laut geschmatzten Kußhand zu ihr hinunter. Schiller schloß das Fenster und setzte sich wieder.
»Achthundert bis neunhundert Taler jährliche Einnahme von der ›Thalia‹ also, davon die festen Ausgaben, die Verbindlichkeiten . . .

Sauzeug!« Er warf die Papiere in die Luft, daß sie beidseits des Tisches zu Boden flatterten. Was im übrigen die Szene nicht sonderlich veränderte, denn der Zimmerboden lag schon voller Papiere: Verszeilen, Entwürfe, Kritzeleien, die an mißglückte Pferdeskizzen erinnerten. Schiller stand auf, klopfte sich Weste und Hosentaschen nach Pfeife und Tabak ab.

»Diese lästigen Krämergeschäfte! Sauzeug!«

Jemand knarrte die alte Stiege hoch. Es klopfte. Er reagierte nicht, wühlte zwischen den Papieren und fand auch die Pfeife. Es klopfte wieder.

»Was will Sie?«

»Ein Herr aus der Stadt!« verkündete die Magd.

»Dann herein mit ihm!« und leiser setzte er hinzu: »Wenn's schon sein muß . . .«

Die Tür quietschte auf, aber nicht die Magd erschien, sondern die unangenehme Erscheinung aus dem »Blauen Engel« und aus »Richters Kaffeehaus«. Der Mann mußte sich nicht einmal bücken unter dem niedrigen Türbalken; er war einen guten Kopf kleiner als Schiller.

»Mohl. Kaufmann Mohl. Sie sind doch der Schiller?«

»R a t Schiller, ja.« Schiller stand vor dem Fenster, Pfeife im Mund und Hände in den Taschen, und betrachtete den aufdringlichen Menschen mit Mißfallen.

»Ich wußte nicht, daß Sie inzwischen Rat geworden . . .«

»Jetzt weiß Er es. Und? Womit kann ich dienen?«

»Tja, ich darf doch?« Mohl trat in die kleine Stube, balancierte auf Zehenspitzen zwischen den umherliegenden Blättern und begann, Bücher von einem Stuhl zu räumen.

»Anatomia, Physiologia«, kommentierte er dabei laut, »ein achtenswerter Beruf – Mediziner. Er ernährt seinen Mann!« Mohl setzte sich, schlug die Beine übereinander und lehnte sich zurück.

»Kommt Er von der Fakultät?« Schiller stand noch immer in der gleichen Pose und paffte.

»Nein, nein, welche Fakultät? Wissen Sie, ich hatte Sie schon gleich nach Ihrer Ankunft begrüßen wollen. Aber man kommt gar

nicht heran an Schillern. Auch im Richterschen Kaffeehaus nicht.«
»Was will Er also! Er raubt mir den Vormittag!«
»Ein Freund, ich bin ein guter Freund!«
»Ich wüßte nicht . . .«
»Ihrer Familie, Ihres Vaters insonderlich.« Mohl sah sich dabei im Zimmer um, Tadel, fast Ekel in seiner Miene.
»Mein Vater? So.« Schiller schien zugänglicher zu werden.
»Ja, und als ich hörte, daß Sie kommen, da dacht' ich mir gleich, ich könnte Ihnen behilflich sein. Mit meinen Verbindungen.«
»Er hat Verbindungen zum Theater? Er kennt meine Stücke?«
»Theater? Ich bitte Sie! Ich bin Kaufmann!« Mohl angelte sich ein Blatt vom Boden und las ungeniert.
»Kaufmann also. Den Krämer sieht man Ihm an!«
Mohl überhörte den Spott.
»Wie ich sehe, Sie sind schon dabei, sich den Notwendigkeiten zu fügen und promovieren zu lassen in der Medizin«, er wiegte dabei seinen großen runden Kopf mit dem spärlichen und fettigen Haar, »obwohl, Jurisprudenz wäre einträglicher. Sie könnten im Jahr, wenn man's richtig betreibt, einen guten Batzen beiseite stecken. Oder sich in ein Geschäft einkaufen. Und die Komödienschreiberei an den Nagel hängen.«
»Wie kommt Er denn darauf? Kümmer Er sich um seine Geschäfte und laß Er mich zufrieden damit!« Allmählich wurde Schiller wütend.
Mohl machte beschwichtigende Handbewegungen zu Schiller hin, ließ sich aber nicht beirren.
»Junger Mann, vertrauen Sie meinem Alter und meiner Erfahrung! Mit dem Fluß der Zeit muß man gehn, und nur die Arme breit machen und die Hände auf«, er blinzelte Schiller zu, »und ein wenig schlitzohrig sein, wenn's drauf ankommt. Schauen Sie mich an. Ich lebe nicht schlecht!« Er kicherte in sich hinein. »Man sagt, ich bin reich. Ich sag' dazu nichts. Lieber Schiller – ich darf Sie wohl Friedrich nennen – man muß sich regen und man muß rechnen. Ich lebe heute. Die ewige Seligkeit ist keinen Pfifferling wert. Was kann einer die Menschheit bessern wollen, wenn's ihm am Brot im Hause

fehlt?! Summa, die ganze rührende Schreiberei ist ein launiger Zeitvertreib für weltfremde Sonderlinge und Aristokraten.«
»Für Menschen, Mohl, um Menschen zu bilden! Und keine Krämer!«
»Aber lieber Friedrich, was hat man als Hungerleider vom Edelsein! Und hier«, er patschte mit der Hand auf das Blatt, »solange man seine Rechnungen auf Einnahmen setzt, die erst kommen werden, solange wird man im Gedränge verwickelt bleiben! Hören Sie auf mich, Friedrich! Ein redlicher bürgerlicher Beruf . . .«
Schiller nahm ihm das Blatt aus der Hand. »Geh Er jetzt. Ich hab' genug von Seinem Geschwätz!«
»Aber Herr Friedrich! Schulden kann man nicht wegdichten!«
»Komm Er hoch von meinem Stuhl und such Er das Weite, bevor ich Ihm den Aktenstaub aus dem Rock klopfe!« Schiller hatte seinen Stock aus der Ecke geholt und begann, den Knauf mit dem Rockzipfel zu putzen.
»Aber Herr Schiller, Sie werden doch nicht . . .« Mohl war sehr schnell aufgestanden und bewegte sich rückwärts zur Tür.
»Ich werde. Und wenn Er mich nochmals belästigt . . .«
Der Gast fingerte hinter dem Rücken nach der Klinke, den gefährlichen Dichter immer im Auge. Endlich hatte er sie gefunden und stolperte hinaus.
»Das werden Sie bereuen. Ich mein's doch nur gut mit Ihnen«, jammerte Mohl von der Stiege.
»Hat Er noch was gesagt oder knarrt nur die Treppe?«
»Nein, nein«, kam es schon von unten.
Schiller warf die Tür mit grimmiger Lust und kräftigem Schwung ins Schloß.
»Krämerseele, vertrocknete! Was will der von mir? Und die Arbeit bleibt liegen . . .« Er stieß mit dem Fuß gegen einen Stapel medizinischer Lehrbücher.
»An die Luft muß ich jetzt, in die Felder. Hat die Medizin solang' gewartet auf mich, wird auch am Nachmittag noch Zeit dafür sein!«

Auch am Nachmittag fand sich die Zeit nicht. Und er bedauerte das nicht einmal. Nach dem Gang über die Felder hinter dem Dorf bis zur Hallischen Straße, dann durch die Brandtschen Wiesen ins Gohliser Bauernholz, zurück am Pleißenufer und über die stillen Wege des Rosenthals war er in der »Wasserschenke« eingekehrt.
Hier saß es sich gut im Garten mit Blick über die Wiesen auf das hin und wieder von flachen Kähnen belebte Flüßchen. Dahinter die grüne Mauer des Waldes. Hier aß er oft seine Mittagsmahlzeit.
Ein Bote aus der Stadt hatte ihn gefunden, bei Brot und Schinken und einem Krug Gose, ein Bote mit einem Zettel von Huber: Die ganze Gesellschaft käme gegen Abend, er solle für ein Fäßchen Merseburger sorgen und für reichlich Schinken.
Ein Auftrag zweifelsohne, der Umsicht verlangte und der auch die Verschiebung der wichtigen Studien entschuldigte.
Gegen drei Uhr nachmittags – Schiller dirigierte gerade den riesenhaften Müllerssohn mit dem Bierfaß vor dem Bauch an den vorbe-

reiteten Platz unter der Linde – bremste ein Gespann auf der Dorfstraße vor dem Hof: Sophie Albrecht und ihr Mann trafen ein, um die Sommerwohnung ein paar Häuser weiter zu beziehen. Kurz darauf eine zweite Kutsche mit gleichem Ziel und einer Ladung lärmender Schauspieler und Musikstudenten, die er nur mit Mühe vom Faß fernhalten konnte.
Wenigstens halfen sie ihm, den schweren Eichentisch aus der großen Bauernstube im Erdgeschoß unter die Linde zu tragen, bevor sie erst einmal wieder verschwanden. Die meisten aus der Truppe kannte er schon, zwei junge Frauen noch nicht.
Als sie mit den anderen zum Hoftor hinausgingen und die Kutsche bestiegen, blieb die eine ein paar Schritte zurück, wandte ihren Kopf für einen Moment Schiller zu und lächelte schwarzäugig und rätselhaft, dann stieg auch sie ein.
Schiller stand, hemdsärmlig, auf das Faß gestützt und schaute dem Mädchen fassungslos nach. Dieser Blick stand ihm noch vor Augen, als er oben in seiner winzigen Kammer lag und dem Abend entgegenwartete.
Die Horde hatte schon ein Viertel nach fünf vor dem Haus nach dem Wirt geschrien und ihn aus den Träumen gerissen. Als Schiller dann unten die Freunde begrüßte, trafen auch Minna und Dora ein und mit ihnen Huber und Jünger, Sophie Albrecht mit ihrem Mann und der Steinzeughändler Kunze. Die Gesellschaft war vollzählig: mehr als ein Dutzend Leute inzwischen.
Schiller setzte sich auf die breite Gartenbank an der Hauswand und ließ sich von einem der Musikanten einen Krug Merseburger reichen, die anderen beiden hatten schon zu spielen begonnen. Man kannte sich, wußte sich unter Freunden; eine gezierte Verlegenheitspause mit Austausch von Höflichkeitssprüchen, wie er sie von anderen Gesellschaften her kannte, kam gar nicht erst zustande.
Der neueste Klatsch aus der Theaterwelt wurde von Hempel und Schubert derart zum besten gegeben, daß man sich reihum vor Lachen auf die Schenkel klopfte und das erste Glas zu Bruch ging.
»Und der lange Dichter sitzt stumm auf seiner Bank und brütet vor sich hin! Los, Fritz, einen Trinkspruch, daß den Horchern im Dorf

die Ohren abfallen!« Huber gab den Musikanten ein Zeichen. Denen war eine Pause nur recht, denn sie waren mit dem Trinken in Verzug geraten.

Schiller war es unangenehm, plötzlich im Mittelpunkt zu stehen. »Ich bin noch nit in Stimmung. Später.«

»Nichts gibt's, du kneifst nicht! Die Welt hängt dir an den Lippen.«

Die Runde begann, rhythmisch mit den Krügen auf den Tisch zu klopfen: »Schiller, Schiller . . .«

»Das isch nit fein, ihr Bande! Mein Krug isch leer, da dreht sich kein Rad nit!«

Der Bierkrug wurde gefüllt. Schiller trank in einem Zuge aus, wischte sich die Lippen am Rockärmel und wurde ernster: »Also . . .« Sein Blick ging über die Gesellschaft, über die Dächer der gegenüberliegenden Häuser, wo sich am Horizont schnellziehende, schnellwandelnde Wolkenballen vor die tiefrote Abendsonne schoben. »Auf Körnern, daß er bald in unsrer Runde sitze, zuallererst!« Er machte eine kleine Pause.

»Auf daß dieses tintenklecksende Säculum, dieses Menschen zernichtende, Menschen zerteilende Krämerjahrhundert bald in die Zeiten sinke. Durch die Kunst und durch uns! Und auf den freien Geist, der seine Rechte beanspruchen möge gegenüber allen Tyrannen! Und auf die Freude!« Er hatte sich, erst stockend und leise, dann fester und deutlicher, in seine Rede hineingesteigert, und setzte dann, wieder leiser, hinzu: »Ja, auf die Freude, die uns erst zu Menschen macht.«

»Das war ein Trinkspruch! Darauf, und auf nichts andres soll's heute gehn!« Johann Friedrich Kunze, der Kaufmann, streckte seinen Arm mit dem Krug als erster zur Tischmitte. Die anderen standen auf, und Krüge und Gläser stießen aneinander. »Musik!« rief jemand, und die drei spielten weiter. Huber drängte sich zwischen Schiller und Dora, die nebeneinander auf der Bank saßen.

»He, Fritz, laß mich mal zu dir. Dein Spruch klang nach Kant.«

»Welchen Kant?«

»Den Königsberger, den Philosophen! Mußt du lesen, ich bring dir's morgen mit. ›Sapere aude!‹ sagt Kant. ›Denke selbst‹!«

»So?« Schiller fühlte sich wieder bei seiner mangelhaften Bildung ertappt. Die Griechen und Römer kannte er in der Philosophie, ein paar neuere Franzosen, von Kant aber keine Zeile.
In der Tischrunde wurde schon seit einiger Zeit ein Lied gesungen, das von der Freude handelte und von dem er nur Bruchstücke mitbekommen hatte.
»Huber, von wem ist das Lied?« wandte sich Schiller an seinen Banknachbarn, aber der war mit seiner Verlobten beschäftigt. Dora zwinkerte ihm über Hubers Schulter zu und flüsterte: »Hagedorn, von Hagedorn.«
Schiller stand auf. Ihm wurde kühl hier draußen, auch den anderen. Man beschloß, die ganze Szene in die große Bauernstube unter Schillers Kammer zu verlagern. Tisch, Stühle und Faß wurden hineingetragen, der betrunkene Hempel wurde in sein Bett ein paar Häuser weiter befördert.
Als Schiller zurückkam, federten die breiten Stubendielen unter den Füßen der Tanzenden. Er setzte sich auf die Ofenbank und schaute vor allem Dora zu, die ihm nach jeder Drehung hinter Hubers Rükken zulächelte, und der dunkelhaarigen Tänzerin mit den Nachtaugen. Sie streifte ihn jedesmal wie zufällig im Vorbeidrehen, bis sie Schiller plötzlich an der Hand faßte und hochzog.
»Komm, tanz mit mir!«
Und Schiller tanzte, tanzte sich die Nachdenklichkeit aus dem Leib. Das Mädchen fest um die Hüften gefaßt, achtete er nicht auf die langsamer werdende Musik.
»Du schaust mich die ganze Zeit an mit Augen wie Seen. Willst du, daß ich ertrinke . . .?« Sie hatte die Hände um seinen Hals geschlungen. »Ich find' dich nit. Dein Blick ist so dunkel, so fern . . .«
»Mach die Kerzen aus«, sie löste sich von ihm, »morgen bin ich schon fort.«

Er stand in der Stube und kam langsam zu sich. Das Mädchen war verschwunden. Auch die ganze Gesellschaft, ohne daß er etwas bemerkt hätte. Er tastete sich die Stiege hoch. Die Tür zur Schlafkammer stand offen. Im fahlen Dreiviertelmondlicht lag das Mädchen

auf seinem Bett. Sie zog ihn herunter. Behutsam strich er über den glatten, warmen Körper mit den sanften Wölbungen.
Frühe Dorfgeräusche weckten ihn. Es war noch fast dunkel. Das Mädchen war nicht mehr neben ihm. Ihm war, als hätte er nur einen sinnlichen Traum gehabt. Er stand auf, zündete drüben auf dem Tisch die Kerzen an und stieg dann in den Hof zur Pumpe. Wieder oben, nahm er Feder und Papier und schrieb an Schwan in Mannheim:

»Bester Freund, jetzt oder nie muß es gesagt sein. Nur meine Entfernung von Ihnen gibt mir den Mut. Ihre Güte, Ihre Teilnahme haben eine Hoffnung in mir begünstigt, die ich durch nichts als durch Ihre Nachsicht und Freundschaft zu rechtfertigen weiß. Mein Zutritt in Ihr Haus gab mir Gelegenheit, Ihre liebenswürdige Tochter ganz kennenzulernen und verführte mich zu dem kühnen Wunsch, Ihr Sohn sein zu dürfen. Meine Aussichten sind bis jetzt unbestimmt und dunkel geblieben, nunmehr fangen sie an, sich zu meinem Vorteile zu verändern. Ich sehne mich ungeduldig nach dieser Epoche meines Lebens, wo meine Aussichten gegründet und entschieden sein werden und wo ich der Dichtung bloß zum Vergnügen nachhängen kann. Überdem habe ich ja die Medizin ehemals aus Liebe studiert – sollte ich das jetzt nicht um so mehr können? Ich warte mit Ungeduld Ihrer Entscheidung . . .«

Schiller stand vor der Wohnungstür, keuchend, nach den schnell genommenen Treppen im »Silbernen Bären«, und zog ein zweites Mal an der Glocke. Schritte gingen über den Flur. Huber öffnete ihm. »Fritz? Rein mit dir!« Huber führte ihn ins Gesellschaftszimmer. Von nebenan klang Cembalomusik herüber.
»Kommst angehetzt wie ein kranker Postgaul, und so ein Gesicht machst du auch!« Huber, im Stadtanzug, als wollte er gerade ausgehen, schüttelte mißbilligend den Kopf. »Egal, darf ich dem Dichter eine Bouteille Meißner Weißburgunder öffnen?«
»Nichts, mir brummt der Schädel von gestern.«
»Glaub' ich dir aufs Wort, bei der kurzen Nacht! Und die

Schwarze!« Huber drehte in gespielter Verzückung die Augen nach oben. »Superb!«
»Kennst du sie? Wohnt sie hier in der Stadt . . .?«
»Ob ich sie kenne! Ich würde meinen, du kennst sie jetzt genauer als ich! Nein, sie wohnt nicht hier. Hat nur in einer Vorstellung getanzt. Und heute wollte sie«, Huber machte eine weitausladende Armbewegung, »wieder fort in die Welt.«
»Huber, ich glaub', ich war völlig von Sinnen . . .«
»Willst du mich neidisch machen?«
»Nein, nicht das«, Schiller rieb sich verlegen die Schläfen, »ich hab' heut morgen an Schwan geschrieben nach Mannheim.«
»Und?«
»Und um die Hand seiner Tochter angehalten, der Margaretha.« Schiller stand auf und ging ans Fenster.
»Tatsächlich, der Mann ist von Sinnen!« Huber schlug sich mit der flachen Hand an die Stirn.
»Ich hab's halt satt, diesen trostlosen Zustand!« Schiller fingerte nervös an der Schnupftabakdose herum. »Du hast die Dora, der Körner die Minna, Sophie den Albrecht. Und so weiter. Alles lebt und webt hier und freut sich und fliegt aus und liebt sich. Und ich?« Er sog eine kräftige Prise Schnupftabak in beide Nasenflügel.
»Aber das ist doch kein Grund, gleich heiraten zu wollen, Schiller! Kannst du den Brief nicht zurückholen von der Posthalterei?«
»Den hab' ich vor einer Stunde der Extrapost mitgegeben.«
»O je.« Huber kratzte sich nachdenklich am Ohr. »Wart hier auf mich. Ich habe gleich eine dringende Abrede wegen meiner Übersetzung. Dann bereden wir in Ruhe deine unglückselige Brautwerbung. Geh rüber zu Dora inzwischen, sie wird sich freuen!« Huber schob den unschlüssigen Schiller zur Zimmertür, warf sich den Mantel über und ging.
Schiller klopfte am Nebenzimmer. Das Cembalospiel hatte aufgehört. »Komm nur herein, komm!« – Er öffnete die angelehnte Tür und trat ein. Dora kam ihm entgegen und wies ihn zum Sofa.
»Ist sie schön?«
»Was sagst du? Wer ist schön?«

»Die Schwansche. Ob sie schön ist. Die Tür war offen, da hört man, ob man will oder nicht.«
»Nun ja, sicher. Wie eben Mädchen so sind.« Er nahm sich ein Journal vom Tisch und begann zu blättern. Das Gespräch war ihm unangenehm.
»Und du liebst sie?« Dora ließ nicht locker mit ihrer Fragerei.
»Liebe, lieben. Ich mag sie vielleicht.«
»Und warum willst du sie heiraten? Wegen des Geldes doch nicht! Oder hast du etwa . . .?« Dora steckte sich die Kämme neu in das dunkelblonde Haar und sah Schiller aufmerksam an dabei.
»Nein, nein. Nur, meine Lage, die Umstände.« Er vertiefte sich in einen Artikel über französische Küche.
»Also doch!« Dora lachte auf, unbekümmert über die Verlegenheit ihres Gastes.
»Ich hab' ihm nun mal geschrieben! Aus einer plötzlichen Laune heraus.«
»Dann schreib' ihm wieder ab, wenn du sie nicht liebst!«
»Hübsch ist sie schon. Nicht so wie du vielleicht . . .«
»Oh, Schiller versteht sich auch auf Komplimente!« Sie stand auf und drehte sich vor ihm. »Fritz, ich bin verwachsen . . .«
»Nein, was sagst du. Hübsch bist du, wenn der Ferdinand nicht mein Freund wär' . . .«
»Du mußt mich nicht trösten, Fritz, man kann's nicht wegreden«, und sie trat dicht vor ihn hin.
Schiller spürte, wie ihm das Blut in die Ohren schoß. »Ich muß jetzt gehn, Dora. Mein Tabak ist alle . . .«
»Bleib sitzen!« Sie setzte sich neben ihn. »Der Schiller! Gestern beim Wein noch der Karl Moor mit Kanonenstiefeln und Pfundsporen, der das Jahrhundert zittern macht und der Magd in den Hintersten kneift . . .«
»Dora!« unterbrach sie Schiller.
». . . und wenn der Huber nicht dein Freund gewesen wär'! Und heute reißt der blonde, blauäugige Knabe vor einem Weibsbild aus! Laß gut sein, komm, ich zeichne dich.«
»Ich bin jetzt zu unruhig, Dora.«

»Das wird sich alles klären.« Dora war vom Sofa aufgestanden.
»Mir wälzen sich Pläne im Kopf, da muß ich laufen.« Schiller erhob sich, verschränkte die Arme auf dem Rücken und begann, durch das Zimmer zu wandern.
»Dann lauf also.« Dora hatte ihren Silberstift und Blätter aus der Kommode geholt und setzte sich auf den Stuhl vor dem Cembalo. »Das wird ›Schiller, galoppierend durchs Zimmer‹.«
»Parodiert haben mich schon andere. Als genialisches Ungeheuer. Ohne mich je gesehen zu haben.«
»Man will dich so sehen, dich und deine Stücke.«
»Weil man den Unfertigen nicht wahrhaben will dahinter. Den Schriftsteller überhüpfe die Nachwelt, der nicht mehr wert ist als seine Werke. Ich bin's nicht. Noch nicht.«
»Mach dich nicht klein, Schiller!« Dora beobachtete ihn beim Umhergehen, und allmählich fügten sich die skizzenhaften Striche zu einem Porträt.
»Einen Brotberuf muß ich haben, sonst kann ich nicht schreiben. Und wenn ich schreibe, reicht's kaum zum Brot. Wer weiß, ob ich jemals Künstler werde. Das Publikum außerdem . . .« Er zündete sich im Gehen eine Pfeife an.
»Das Publikum will dich mißverstehen«, ergänzte Dora.
»Die Schwaben vielleicht. Hier, scheint mir, ist man anders.«
»Anders? Das Krämervolk? Da findest du kaum einen Menschen. Die sind verschüttet unter ihren Geschäften und Zahlen und Beamtenängsten.«
»Dann muß man den Menschen wieder herausgraben.«
»Was willst du gegen die Zeit setzen? Wir bejubeln uns selbst und schwätzen und kramen in unsern Berufsgeschäften. Und entfernen uns immer weiter voneinander. Und von uns selbst.«
»In der Kunst liegt die Chance.«
»Obwohl kaum einer zu unterscheiden vermag zwischen Kunst und Spektakel, zwischen Wahrhaftigkeit und Schein? Außerdem kann dir das gleich sein. Willst du nicht Lakai an einem Fürstenhof werden?«
Schiller wollte heftig erwidern, da läutete es. Huber kam zurück.

7. Kapitel

Der Mai war mit hastigem Grünen und Blühen in einen fast südlichen Juni übergegangen. Schiller fühlte sich eins mit aller Natur, wie sonst nur in seltenen Augenblicken. Und auch dieser Juni war vorbei. Gelbes Getreide wellte sich über die langgestreckten Hügel auf beiden Seiten der alten Poststraße.
Schiller hatte sich die breite Hutkrempe heruntergezogen, um die schon hoch über den Wäldern im Osten stehende Sonne nicht im Gesicht zu haben. Minna und Dora saßen ihm gegenüber im Schatten des halben Verdecks.
Gleichmäßig und kräftig schritten die Pferde aus, schnaubten zuweilen, wohl aus Übermut, kaum vor Anstrengung. Eine gute Meile machten sie in der Stunde, er hatte auf die Postsäulen geachtet. Dennoch war Kahnsdorf noch zwei Stunden entfernt. Dort wartete Körner. Schiller streifte mit schnellen Blicken die anderen.
Minna war sicher auch voller Erwartung, ließ sich aber nichts anmerken. Sie hatte sich zurückgelehnt und blickte in die Landschaft. Dora daneben sah man an, daß ihr das Schweigen allmählich zu lang wurde. Sie fing Schillers Blick für einen Moment, lächelte und wies mit einer leichten Kopfbewegung zu Huber.
Der saß neben Schiller in die Wagenecke gelehnt, den Studentenhut ins Gesicht gezogen, und schlief. Sie hatten ihn heute morgen, als die gemietete Chaise schon vor dem Hoftor stand, mit Gewalt aus dem Bett ziehen müssen. Seine geschäftliche Verabredung am Vorabend war lang gewesen und mit reichlich Wein verbunden.
Der Wagen fuhr jetzt eine weite Linkskurve, so daß man die zurückliegende Straße ein gutes Stück einsehen konnte. Ein schmächtiger Reiter auf einem dürren, grauen Pferd erschien auf dem Hügel in einiger Entfernung. Den Reiter hatte er schon am Morgen gleich hinter Gohlis gesehen. Längst müßte er die Kutsche überholt haben. Göschen oder Jünger oder einer der anderen konnten es

nicht sein. Die wollten gemeinsam reiten, von Leipzig aus. Sie rollten in eine Niederung, auf eine hölzerne Brücke über einen Bach zu. Der Kutscher brachte die Pferde zum Stehen, stieg vom Bock und ging, einen Eimer in der Hand, durch die Wiesen zum Wasser. Der Reiter hinter ihnen stieg auch ab und begann, seinen Sattel fester zu zurren.

»Huber!« Schiller rüttelte seinen Banknachbarn an der Schulter.

»Sind wir da?« Huber fuhr hoch.

»Nein, noch nicht.«

»Und was weckt ihr mich da?« Er wollte sich wieder zurücklehnen.

»Da reitet uns einer seit Gohlis hinterher!«

»Muß ja reiten. Bei uns im Wagen ist kein Platz. Schon gar nicht für ein Pferd!« Huber streckte sich gehörig. Dora kicherte in ihren Mantelkragen.

»Witzbold! Der verfolgt uns!«

»Fritz, deine Phantasie schießt ins Kraut! Mach ein Stück draus, aber leise! Ich bin müde. Fritz, der Geisterseher.« Huber lachte laut über seinen Witz und schlug Schiller auf den Schenkel.

»Du nennst mich Geisterseher? Tatsächlich, wenn man dich sieht.« Huber stellte sich im Wagen auf, um den Reiter genauer zu sehen, aber da ruckte die Chaise schon an, und er saß wieder.

»In der nächsten Schenke halten wir auf ein Bier, da wird sich's zeigen!«

»Geisterseher«, brummte Schiller vor sich hin, »muß man ja werden! Ihr kennt den Württemberger Herzog nicht.«

Der Reiter blieb hinter ihnen. Bis zur Posthalterei im nächsten Ort, einem kleinen Straßendorf. Sie betraten eine geräumige Schankstube mit niedriger Balkendecke. Der Beamte schlief über seinem Postbuch und war nicht anzusprechen. Eine Magd brachte ihnen Kaffee, für Huber einen Krug Bier.

»Ferdinand! Am Vormittage schon wieder«, ermahnte ihn Dora.

»Ihr wollt doch, daß ich munter werde? Na also«, und Huber wischte sich den Schaum von der Oberlippe.

Die Tür ging auf. Ein kleiner, spitznasiger Mensch in zu großem Reitermantel trat herein, erfaßte mit hastigen Blicken den Raum

und die Gäste und setzte sich mit dem Rücken zu ihnen in die Ofennische.
»Das ist doch Mohl! Dieses Ekel belästigt mich seit dem ›Blauen Engel‹«, flüsterte Schiller über den Tisch.
»Den sind wir bald los.« Huber stand auf und verließ die Stube. Sie sahen ihn draußen am Fenster vorbeigehen, in den Hof zu den Ställen. Bald kam er zurück, sie zahlten und brachen gleich auf. Kaum hatten sie die Posthalterei ein Stück hinter sich gelassen – Huber und Schiller lehnten sich weit aus der Kutsche – sahen sie einen Mann aus der Tür und zum Stall stürzen. Huber lehnte sich zufrieden zurück.
»Den sind wir los. Für zwei Groschen nur.«
»Für zwei Groschen?«
»Der Stallknecht will auch leben. Dummerweise ist der Sattelgurt an Mohls Klepper durchgeschnitten worden. Wie unangenehm.«
»Meinst du, der Mohl ist ein Spion? Vom Württemberger?«
»Dazu wird ihm wohl der helle Kopf fehlen. Außerdem kann der Herzog dir hier im Kursächsischen den Buckel runterrutschen. Nein, nein, Mohl ist nur geldgierig. Wenn wir zurück sind, krieg' ich heraus, was dahintersteckt. Laß gut sein, Fritz.«
Sie sprachen nicht mehr davon, schwiegen die restliche Wegstrecke, jeder war mit seinen Gedanken beschäftigt. Als sie in einem kleinen Ort von der alten Poststraße auf einen holpernden Weg mit tief ausgefahrenen Wagenspuren abbogen, wies Dora aufgeregt nach vorn. Dort, auf einem Hügel und scharf abgegrenzt von den umliegenden Feldern, lag Kahnsdorf. Bald waren sie auf der Dorfstraße. Große Höfe mit mehrstöckigen Wohn- und Wirtschaftsgebäuden und mit verzierten, sandsteingemeißelten Torbögen deuteten auf Wohlstand der Bauern und auf guten Boden. Die Leute auf der Straße hielten ein in ihren Arbeiten und grüßten, Kinder rannten vor der Kutsche her und vertrieben die Schweine und Ziegen.
Fast schon am anderen Dorfende lag das Gut der Familie Ernesti, der Verwandten Körners. Halbkreisförmig aneinandergereihte Scheunen, Stallgebäude und Wohnhäuser bildeten einen weiten Platz. An seiner offenen Seite im Zentrum führte eine steinerne,

leicht gewölbte Brücke über einen Bach zum Gutshaus: Ein klobiger alter Bau mit kleinen Fenstern, leicht schrägem Feldsteinsockel und in die Wände hineinwachsenden steinernen Stützpfeilern, wie man sie an Wehranlagen findet. Wie für die Ewigkeit gebaut.
Der Kutscher hatte kaum die Zügel angezogen, da trat ein junger Mann in offener Weste und mit hochgekrempelten Hemdsärmeln aus der Tür. Die Mädchen waren schon abgestiegen, noch ehe er helfen konnte, und liefen ihm entgegen. Er umarmte beide, hob sie dabei ein Stück an und drehte sich mit ihnen, daß sie kreischten.
»Und wo habt ihr Schillern?«
»Hier!«
Sie gaben sich die Hand, lange und wortlos. Das also war Schiller. Das also war Körner. Er kannte ihn bisher nur von Doras Zeichnung, da hatte sie ihn allerdings gut getroffen: den klugen und warmen, aufmerksamen Blick, die senkrechte Falte über der Nasenwurzel, um die Mundwinkel ein heiterer Zug.
»Endlich sehn wir uns, Friedrich! Die Briefeschreiberei ist doch nur ein jämmerlicher Ersatz für den Menschen. Kommt herein, die anderen sind auch schon da.« Er faßte Schiller und Huber bei den Schultern und schob sie ins Haus.
»Ich zeig' euch eure Zimmer. Dann haben wir Zeit für uns. Hier, gleich die Treppe hoch.«
Körner hatte diesen Ort für das Treffen gewählt, um die Freunde einmal ohne Gaffer und unerwünschte Ohren beisammen zu haben, und weil sein Rückweg nach Dresden von hier aus vier Stunden kürzer war.
Schiller stieg, nach einem Blick aus dem Fenster auf die Landschaft hinter dem Gut, wieder hinunter und setzte sich auf die hüfthohe Brückenmauer. Eine Hand legte sich auf seine Schulter. »Friedrich, gehen wir ein Stück? Minna regelt die Haushaltung schon.« Körner führte ihn zu einer Mauerpforte hinter dem Gut, von wo aus ein schmaler Weg sich am Dorf entlang schlängelte.
»Bist du froh, hier in Sachsen zu sein?«
»In Worte kann ich das kaum fassen. Meine Ahnungen, weißt du, haben mich nicht getäuscht, diesmal. In Mannheim war alles

so trostlos zuletzt. So ohne jegliche Aussicht auf Besserung. Aber hier . . .«
»Schreibst du wieder?«
»Vorgenommen hab' ich mir viel. Der ›Carlos‹ muß weiterkommen, die ›Thalia‹, daran bin ich gerade. Und die Medizin wartet. Nur, die vielen Zerstreuungen in der Stadt, ich meine, das tut mir nicht gut.«
»Laß die Medizin fahren, Fritz, das ist nicht dein Brot, glaub mir. Du mußt schreiben.«
»Dich ernährt dein Beruf, Gottfried.«
»Meine Erbschaft, meinst du wohl. Das ist nicht mein Verdienst, Fritz. Lange wollte ich auch schriftstellern. Aber ich habe Ekel vor aller Mittelmäßigkeit in der Kunst. Als Regierungsrat jetzt in Dresden kann ich mehr wirken. Und besser. Da nutzen mir meine Studien auch. Und in der Kunst wäre ich ein ewiger Stümper. Nein, die Schriftstellerei bleibt dir. Die wirklichen Dichter sind so rar geworden.« Körner nahm einen Stock vom Weg auf und schlug damit, seine Worte unterstreichend, in die Büsche.
»Und ich vergrößere den Haufen der Leute, die dich ablenken.«
»Unsinn, Fritz, kein Wort mehr davon! Weißt du, wie mir ist? Jetzt fange ich an zu leben. Nun kann ich Minna heiraten, da meine Eltern tot sind, Gott hab' sie selig. Jetzt hab' ich den Schiller zum Freund, und glaub mir: Einer wird den andern anfeuern, einer sich vor dem andern schämen, wenn er im Streben nach dem höchsten Ideale erschlaffen sollte. Und die Mittel habe ich nun, so viel Gutes um mich her zu wirken, als ich nur fähig bin. Nein, Fritz, bisher habe ich nur die Zeit verschwendet.«
»Dich so zu hören, Gottfried, tut wohl. Solche Pläne in unsrer Zeit, wo die Krämerseelen sich dem Genuß hingeben und verdämmern. Gottfried, endlich treff' ich einen Menschen wieder. Einzeln können wir nichts. Aber wenn wir uns brüderlich begleiten . . .«
»So soll es sein, Fritz. Schlag ein darauf. Das ist ein Tag, davon kann's nur einen im Jahrhundert geben!«

Frühmorgens brachen sie wieder auf von Kahnsdorf. Körner mußte nach Dresden zurück, und Minna und Dora begleiteten ihn ein paar Meilen. So war Platz in der Chaise auch für Göschen und Jünger. Ihre Pferde hatte der Kutscher mit vorgespannt. Kunze und Sophie Albrecht mit ihrem Mann wollten erst nach dem Frühstück abreisen. Sie wollten die Gegend genießen an diesem schönen und ruhigen Samstag.

»Wir müssen uns gegenseitig aufmuntern, etwas zu tun. Dieses Verschwenden von Zeit muß ein Ende haben. Für mich jedenfalls, für mich. Wenn ich an den militärischen Stumpfsinn meiner Erziehung denke, und was ich selber verbrochen hab' an meinem Schicksal! Körner hat recht!«

Schiller sprach mehr zu sich als zu den anderen, aber auch denen hingen die Gespräche von gestern noch im Kopf. Selbst Huber schien heute ernster und in sich gekehrt. Huber, der lebte, um zu leben, mit hundert Plänen sich trug und kaum einen ausführte.

Sie fuhren nach drei Viertelstunden Fahrt in Rötha ein. Der Kutscher wußte eine Schenke, die jetzt, halb acht am Morgen, schon ein Frühstück bieten würde. Göschen ließ dem Kutscher einen Krug Bier hinausbringen. Für sich und die anderen bestellte er Brot, Suppe und ein Maß Wein. Schweigend aßen sie. Plötzlich stand der sonst so bedächtige Göschen auf und hob das Glas gegen die schräg einfallende Morgensonne:

»Trinken wir das Glas auf unsern Körner. Auf daß wir nicht stillehalten auf unserem Weg zur Vollkommenheit.«

Er sagte das leise.

Schiller stellte sein Glas ab und wandte sich zur Tür. Er trat aus der Schankstube. Zu seiner Stimmung paßten jetzt die Orgelklänge, die von der nahen Kirche herüberwehten: Der Kantor übte für den sonntäglichen Gottesdienst. Schiller stieg die fünf Stufen hinauf und stand in der weit gewölbten Halle von St. Georgen.

Hinter ihm flüsterte jemand: »Jetzt fällt mir ein, daß heute Körners Geburtstag ist! Merkwürdig, als würden sich unsere Gefühle und Stimmungen durch Magie fortpflanzen . . .« Das war Jüngers Stimme.

Und Huber, eine Spur zu laut für diesen Augenblick, antwortete: »Das sieht dem Gottfried ähnlich! Gestern abend kein Wort davon zu uns, und jetzt lacht er sich eins auf der Landstraße!«

Huber hatte den Geldverleiher Beit beiläufig erwähnt, er schien hier öfter Kunde zu sein. Es war nicht schwer zu finden gewesen in einem der engen, für Leipzig typischen Durchgangshöfe von der Katharinen- zur Hainstraße, drei breite Granitstufen zu einer doppelflügligen Tür mit fast in Augenhöhe angebrachter Messingklinke.
Schiller war in einiger Entfernung stehengeblieben und hatte die Architekturdetails betrachtet, bis die Schritte des Mannes, der eben aus der Tür getreten war, am anderen Ende des Hofes verklungen waren. Er wollte auf dem Weg zum Geldverleiher Beit nicht unbedingt gesehen werden.
Nun stand er etwas verloren in dessen geräumigem, aber karg möbliertem Kontor. Ein riesiger Schreibtisch, dahinter ein Sessel und ein Regal mit Akten.
»Meld Sie den Rat in Weimarischen Diensten Friedrich Schiller.«
Die Magd raffte ihren Rock und verschwand wortlos hinter einem Vorhang. Eine gute Weile tat sich nichts. Er blickte sich um.
Das unruhige Kerzenlicht versickerte oben im Dämmer des Raumes. In der hölzernen Galerie über dem Schreibtisch glaubte er eine leichte Bewegung der Vorhänge bemerkt zu haben.
Dann jagte plötzlich ein großer Hund an ihm vorbei. Schiller war so erschrocken, daß er den eingetretenen Beit erst wahrnahm, als der ihn ansprach.
»Hat Er Scheu vor Hunden?« Der hagere, mittelgroße Mann mit dem faltigen Gesicht und der tiefgebogenen Nase kicherte vor sich hin, während seine goldberingten Finger den Hund kraulten.
»Was kann ich für Ihn tun?«
»Schiller. Rat Schiller.«
»So, Schiller. Rat, wie Er sagt. Nun ja, hier gehn so viele Räte und Grafen und Konsuln ein und aus, da haben die Titel wenig Bedeutung.« Beit setzte sich hinter den Schreibtisch und betrachtete den Kunden unverhohlen.

»Einen Kredit, um einen Kredit bin ich gekommen.« Schiller hatte sein Herkommen schon bereut. Aber das Geld war fast alle, die fünf Karolin Mehrkosten für die Reise, die Anschaffungen. Und nun Körners Hochzeit. Um einen weiteren Vorschuß von Göschen wollte er nicht bitten.
»Einen Kredit zu den landesüblichen Zinsen.«
»Das will ich meinen! Den Kredit kann Er haben.« Beit rückte sich Papier und Schreibzeug heran. »Er ist kein Bürger zu Leipzig?«
»Nein, noch nicht. Ich gedenke mich einzurichten hier, in Bälde.«
»In Bälde, so so. Und was treibt Er bis dahin?«
Schiller war noch immer kein Platz angeboten worden – ein weiterer Stuhl war auch nicht da –, und so wechselte er nur von Zeit zu Zeit das Standbein.
»Ich bin Schriftsteller.«
»Schriftsteller? Du heilige Mutter! Und womit verdient Er sein Brot?« Beit legte die Feder wieder weg.
»Mit einem Journal und mit dramatischen Arbeiten. Beim Verleger Göschen seit Neuestem.«
»Göschen . . . Göschen. Der sein Büro erst kürzlich eröffnet hat an der Kupfergasse? Mmh.« Beit zog die Augenbraue hoch und begann, sich die Fingergelenke zu massieren.
»Versteh Er mich richtig. Ich gäb' Ihm gern alles, was ich habe. Aber zurückkommen muß es. Versteht Er? Zurückkommen! Und ein Schriftsteller . . . Ich kann Ihm nichts verschenken.« Er schüttelte mißbilligend den Kopf dabei, daß sein dünnes und strähniges Haar hin und her flog. Schiller wandte sich zum Gehen.
»Nein, wart Er, wart Er nur! Hat er denn Sicherheiten für mich? Ich meine, kann Er mir gute Namen nennen hier in der Stadt, die für Ihn einstehn, wenn Er, nun sagen wir, in Schwierigkeiten käme?«
»Meine Anweisungen verzögern sich. Sonst wäre ich nicht hier.«
»Ja, das verstehe ich. Er ist momentan nicht flüssig. Das geht den Grafen wie den Räten zuweilen so. Ein guter Name als Bürge, und Er wird meine Dienste nicht bereuen. Bei nur fünfzehn aufs Hundert Zinssatz! Also?«
»Körner, mein Freund.«

»Der junge Körner? Das ist ein Wort! Ein hübsches Vermögen soll der alte Körner ihm . . .«
Der strähnige Geldverleiher ließ, während er redete, die Feder über das Papier kratzen. »Wieviel soll ich einsetzen? Hundert? Zweihundert Taler? Und dann muß Er nur noch seinen Namen darunter setzen.«

8. Kapitel

Die späte Augustsonne war schon tagelang nicht mehr durch die Wolken gebrochen. Es nieselte fein. Windböen fuhren in die Linde vor dem Haus und trugen feuchtglänzende Blätter am Fenster vorbei. Einen frühen Herbst brachte der Wind mit sich.
Jedesmal, wenn Schiller hinunterschaute zum Tor, glaubte er die schwarzäugige Tänzerin zu sehen, mit zurückgewandtem Kopf und unergründlichem Blick. Aber es war nur der Schatten der Torsäule. Er trat vom Fenster weg, um die Hand weiter zu kühlen. Göschen hatte die Tinktur aus der Stadt mitgebracht.
»Still ist's hier geworden. Zu still. Ich hab' noch das Lachen im Ohr, die Mädchen. Und unsere Abende. Und jetzt dieses sauertöpfische Wetter! So traurig und leer alles.« Schiller legte das tinkturgetränkte Leinen auf sein geschwollenes Handgelenk und verzog dabei das Gesicht.
»Ich kann es dir nachfühlen. Schmerzt die Hand immer noch sehr?«
»Auf kein Pferd steig' ich mehr! Bis Hubertusburg und zurück bis fast nach Haus gehorcht der Gaul, und in Stötteritz wirft er mich ab! Nun ja, Körnern und Minna war ich's schon schuldig, sie ein Stück zu begleiten.«
»Was wirst du jetzt machen? Du kannst nicht schreiben mit der Hand, und ich muß zurück in die Stadt, die Korrekturen . . .«
»Morgen kommt der Schreiber. Die ›Fiesko‹-Bearbeitung diktiere

ich ihm, für die Leipziger Bühne. Was soll's außerdem? Das bringt mir kaum das Salz in die Suppe.« Schiller ging wieder zum Fenster, die Hand nun verbunden.
»Das Publikum hier mag deine Stücke.«
»Und wie lange, bis es sich anders besinnt? Vom Ruhm kann ich nicht leben. Und nur zu Gefallen des wankelmütigen Publikums zu schreiben . . .«
»Wankelmütig sind die Leute schon und ohne Kunstverständnis. Du kannst den Leuten Ideale geben als Dichter.«
»Und was hab' ich für Leute getroffen? Da ist kein Mensch mehr zu erkennen unter den Masken aus Gier und Hatz nach Gewinn und billigem Vergnügen. Das Jahrhundert hat sie so gemacht. Was sollen da Ideale . . .«
»Deine momentane Stimmung, Fritz, macht dich verbitterter, als es gut ist. Du mußt die Leute verführen, daß sie es gar nicht merken. Sie wollen unterhalten sein, also mußt du sie unterhalten. Und die Ideale dabei mit unter die Weste schmuggeln. Sonst hast du nur eine Handvoll Feingeister, die dich bis zum Grunde versteht. Der Rest schreit mit, weil es gerade Mode ist, oder weil ein paar ketzerische Worte gefallen sind. Ich versuche, gute Bücher zu machen, das weißt du. Schönere und besser gedruckte als die Masse. Aber ich denke auch an die Leute. Ohne Zugeständnisse wird man nicht viel erreichen.«
Schiller blickte Göschen nachdenklich an. »Zugeständnisse, sagst du? Warum soll ich mich hinunterbegeben auf die Stufe der Krämer? Ich fühl's, ich bin an einer Grenze . . .«
»Der ›Carlos‹?«
»Daran merk' ich's vor allem. Die Zerstreuungen den Sommer über, sicher, die haben auch schuld, daß ich nicht vorankomme. Aber da ist eine Grenze, die liegt in mir, in meiner Bildung.«
»Dann lege ihn weg für eine Weile.«
»Und was dann? Körnern hab' ich es versprochen.«
»Anderes, einfach anderes einschieben. Schreibe etwas Leichtes. Oder wühl dich in die Historie, in das alte Spanien König Philipps, da kommen die Einsichten von allein.«

»Etwas Leichtes schreiben! Das ist gut: Schiller verkauft sich an das Publikum!«
»Aus einem guten Schreiber sollte doch nur Gutes kommen, auch wenn es ein leichteres Gewand hätte.«
»Nein, das ist nicht mein Feld. Aber mit der Historie hast du vielleicht recht. Ich habe mir übrigens schon etliche Scharteken kommen lassen.«
»Ob das dein Feld ist, mag ich schon bezweifeln. Aber im Umkreis liegt es. Ein Traktat hier und da zur Historie, oder Romanhaftes. Auf mich kannst du rechnen, ich würde es drucken. Nur, deine Verbindlichkeiten Schwan in Mannheim gegenüber . . .«
»Nichts mehr von Schwan! Ich fühle mich nicht mehr gebunden an ihn. Meine törichte Werbung um Margarethen hat er nicht beantwortet – gottlob! Aber er hat meinen ›Fiesko‹ neu drucken lassen, ohne mein Wissen und ohne einen Groschen für mich.« Schiller wanderte dabei durch die kleine Stube und zog jedesmal den Kopf ein, wenn er an den Deckenbalken kam.
»Dann handle mit ihm. Wenn er merkt, daß er Verlust macht bei dir durch solcherart krumme Geschäfte . . .«
»Handeln mit Schwan? Zum Krämer eigne ich mich ebensowenig wie zum Kapuziner! Nichts da, der Schwan ist durch bei mir.«
»Mir soll es nur recht sein.« Göschen zog eine zierliche silberne Taschenuhr aus der Weste. »Ich muß zurück in die Stadt.« Er stand auf und nahm sich Überrock und Hut von der Kommode.
»Laß dich das Alleinsein hier nicht verdrießen. Hole dir die Erinnerung in die Stube. Die Körners werden dich schon bald nachkommen lassen.« Er drückte Schiller die Hand und knarrte die Stiege hinunter.
Der Wind hatte zugenommen und verfing sich zuweilen dumpf heulend im Schornstein. In kurzen Abständen schlug unten die hölzerne Pforte an die Hauswand. Schiller warf sich aufs Bett und starrte in die dunkelnde Fläche des winzigen Kammerfensters.

Aus der grauen Stimmung stiegen Bilder. Er sah sich wieder durch die Thomaspforte gehen. Er sah die hölzerne Brücke über dem Wehrgraben, drüben den Weg an der Pleiße, am Rudolffschen Garten vorbei. Er war aufgeputzt wie ein Geck, mit Rüschenhemd, besticktem Frack nach französischem Schnitt und weißseidenen Strümpfen. Unterm Arm einen ungeheuren Sommerblumenstrauß.
Körners Hochzeit mit Minna war im Garten an der Pleiße gefeiert worden. Dort hatte er immer gern gesessen. Gegenüber lagen die klobigen Wälle der Pleißenburg.
An diesem siebenten August hatten ihn die Freunde schon an der Pforte begrüßt und – vornweg musizierende Studenten – zu Minna und Körner geführt.
Bilder jenes Abends erschienen ihm wieder, wie er im Kreis der weinfrohen Gesichter sein Gedicht über Liebe und Freundschaft vortrug. Er sah sich mit Dora atemlos tanzen, schon außerhalb des Lichtscheins unter den Bäumen, er spürte ihre heiße Stirn wieder an seinem Hals und ihren schnellen Herzschlag unter dem Kleid. Dora, die ihn geholt hatte, als Huber schon lange auf der Bank saß mit einer weinseligen jungen Schauspielerin auf dem Schoß.
Die Andromedasterne hörte er sich wieder erklären, die Sage, wie Perseus die Königstochter gerettet hatte vor dem Meerungeheuer. Und zwischen diesen Bildern, schon im Einschlafen, war ihm, als schmiege jenes Mädchen mit den nachtschwarzen Augen sich an.

Die Magd hatte gerade Kaffee gebracht. Schiller saß im Schlafrock am Tisch und schnitt sich ungeschickt mit der linken Hand Schinkenwürfel zum Brot. Den sächsischen Mahlzeiten aus Kaffee und eingetunktem Butterbrot hatte er noch immer nichts abgewinnen können.
Im Treppenhaus unten hörte er die Magd plötzlich aufkreischen, dann kam jemand die Treppe hoch. Die Kammertür ging auf.
»Ein Teufelsweib!« Der eintretende Huber schnalzte mit der Zunge und wies mit dem Daumen hinter sich. »Ist dir schon mal aufgefallen, was für einen beachtlichen Hintern die Mademoiselle hat?«
Huber schob die Tür hinter sich zu, legte ab und setzte sich mit an den Tisch.

»Um mir das zu sagen, störst du mich beim Frühstück?«
»Zeitungen bringe ich dir aus der Stadt, also werd munter!« Er nahm Schiller das Messer aus der Hand und griff zum Schinken.
»Und wo ist mein Kaffeetopf?«
Schiller stand knurrend auf, um eine Tasse unter den Papieren auf der Kommode hevorzuwühlen. »Also, heraus mit den Zeitungen!« Er schenkte Huber ein und setzte sich wieder.
»Die erste«, Huber kaute, während er redete, »ich war auf der Post.«
»Tatsächlich! Und wie sieht es dort aus?«
»Verspotte nur den armen Huber, der sich alle Beine für dich ausreißt und sich den Mund in Fransen redet.«
»Was dir nicht schwerfallen dürfte.«
»Dem Mohl bin ich nachgestiegen auf die Post. Und als der wieder fort war, habe ich den Postmeister überredet, die abgehenden Briefe durchsehen zu dürfen: Mohl schreibt nach Württemberg, öfter.«
»Und? Er kommt ja aus Göppingen.«
»An deinen Vater schreibt er!«
»Sieh mal an!« Schiller stieß das Brotmesser in den Schinken und lehnte sich zurück. »An meinen Vater!«
»Und erhält dafür regelmäßig ein paar blanke Taler!«
»Die Krämerseele, die schmierige! Mohl spioniert mir nach; deshalb ist mein Vater so genau informiert!«
»Sein Brief ist mir aus Versehen in den Ofen gefallen, als der Postmeister mal draußen war. Unangenehm.« Huber säbelte sich vergnügt ein weiteres Schinkenstück ab.
»Den knöpf' ich mir vor! Und andere Zeitungen?«
»Einen Brief habe ich mit, für dich.«
»Einen Brief? Und woher?«
»Von Körnern.«
»Das sagst du jetzt erst? Heraus damit, Halunke!«
Huber kramte gemächlich einen Brief aus seiner Rocktasche. Schiller riß das Siegel auf, faltete, während er zum Fenster ging, die Blätter auseinander und begann zu lesen.
»Mich willst du wohl nicht teilhaben lassen?«
»Wart nur, warte, gleich.« Schiller bewegte beim Lesen die Lippen,

den Brief in beiden Händen vor dem einfallenden Licht. »Hör nur, solch einen Freund findet man in tausend Jahren nicht wieder«:

›*... Über die Geldangelegenheiten müssen wir uns einmal ganz verständigen. Du hast noch eine gewisse Bedenklichkeit, mir deine Bedürfnisse zu entdecken.*‹ Schiller unterbrach, sagte, zu Huber gewandt: »Ich hab' ihm nur Andeutungen gemacht, daß ich ganz auf dem Trockenen stehe und auf den Verlag einiger Schriften bei Göschen hoffe.« Er las weiter:
›*Warum sagtest du mir nicht ein Wort in Kahnsdorf davon? Warum schriebst du mir nicht gleich, wieviel du brauchst? Kommt es bloß darauf an, einige laufende Ausgaben zu bestreiten, so ist vielleicht das hinreichend, was ich beilege. Ich würde dir gleich mehr schicken, wenn ich nicht hier noch allerlei Handwerksleute zu bezahlen und erst in Leipzig wieder Geld zu empfangen hätte. Aber Rat kann ich allemal schaffen. Wenn ich noch so reich wäre, und du ganz überzeugt sein könntest, welch ein geringes Objekt es für mich wäre, dich aller Nahrungssorgen auf dein ganzes Leben zu überheben: so würde ich es doch nicht wagen, dir eine solche Anerbietung zu machen.*
Aber ein Jahr wenigstens laß mir die Freude, dich aus der Notwendigkeit des Brotverdienens zu setzen. Auch kannst du mir meinethalben nach ein paar Jahren alles wieder zurückgeben, wenn du im Überfluß bist. Also, schreibe mit der ersten Post und bestimme die Summe ...‹

»Hast du das gehört, Huber? Ein ganzes Jahr will er aufkommen für mich, damit ich schreiben kann in aller Ruhe!« Schiller stützte die Arme auf das Fensterbrett und schaute über die Dächer in die Wiesen.
»Da habe ich noch was. Gehört zum Brief.« Huber warf ein kleines Päckchen auf den Tisch, in dem es metallen schepperte.
»Ein ganzes Jahr ohne Geldsorgen! Ich schreibe gleich zurück, und du nimmst den Brief mit in die Stadt.« Huber wurde Mantel und Stock in die Hände gedrückt, und er wurde zur Tür geschoben.
»Geh derweil im Dorf spazieren. Ich muß allein sein beim Briefeschreiben. Aber laß mir die Magd in Ruhe!«

Aus den weit geöffneten Parterrefenstern drangen sonderbare Geräusche: Laute Satzfetzen mit starker, regelmäßiger Betonung, begleitet von rhythmischem Trommeln auf Holz und von stampfenden Füßen. Der Lärm brach plötzlich ab mit einem dumpfen Laut, so, als fiele ein Körper zu Boden.

Der grauberockte Spaziergänger am Zaun hatte das Getöse schon eine Zeit lang mit offenem Mund verfolgt. Jetzt sah er sich mit schnellen Blicken um – die Dorfstraße war leer, die Bauern auf den Feldern. Er huschte durch das Gartentor zum Haus.

Der Fenstersims war zu hoch für ihn, also stieg er auf die Bank, dann auf die Lehne, um die Ursache des Treibens zu erforschen. Die Stellung, die er nun innehatte, erwies sich als äußerst wacklig.

Er klammerte sich mit der Linken an den Sims, während die Rechte den Rock und die Weste aufknöpfte. Schließlich gelang es ihm, den Hosenträger mit einem herausragenden kräftigen Wandhaken zu verbinden. Nun stand er sicher. Im großen Bauernzimmer sah er einen Mann reglos auf den Dielen liegen.

»Schiller! Ist Ihnen etwas zugestoßen? Man muß sich ja ängstigen um Sie!«

Der am Boden Liegende machte nur eine abwehrende Bewegung mit der verbundenen Hand.

»Haben Sie einen Fieberanfall? Soll ich nach dem Arzt rufen?«

»Laß Er mich zufrieden und geh Er seiner Wege!« kam es von unten.

»Was toben Sie dann durch das Zimmer und trommeln und schrein wie am Spieße gebraten?«

»Er soll mich in Ruhe arbeiten lassen! Eine Szene hab' ich entworfen soeben. Und überhaupt, was starrt Er andern Leuten in die Fenster?« Schiller stand auf und klopfte sich den Staub von der Hose. Dann ging er auf das Fenster zu, mit starken roten Flecken über den Wangen und rötlich entzündeten Augen.

»Ich will's nicht glauben! Der Mohl ist's schon wieder! Ich hau' Ihn windelweich.« Schiller packte den Graurock beim Hemdkragen und begann, ihn mit grimmiger Lust zu schütteln. »Er ist ein häßlicher Spion, Mohl!«

Mohl riß die Augen weit auf vor Angst und klammerte sich mit beiden Händen an das Fensterbrett. »Ich meine es doch nur gut mit Ihnen, nur Ihr Bestes will ich.«

»Er ist ein schmieriger Krämer, Mohl! Für einen lumpigen Taler würd' Er seine Großmutter nach Amerika verschachern! Hat Er kein Quentchen Ehre im klapprigen Leib? Nein, Ehre hast du nicht, keine Ahnung hast du, daß man etwas mehr bedürfe als Geld, um ein Mensch zu sein.« Schiller ließ ab von ihm, spuckte aber über Mohls Schulter verächtlich in den Garten.

»Nun hör mir gut zu, du Unglücksgestalt. Ich versuche, Mensch zu werden in diesem Krämerjahrhundert, in dem Schleimer und Kriecher und geldgierige Hohlköpfe wie du entstehn. Und Dichter bin ich und mache Stücke, daß ihr irgendwann aus dem Sumpf wieder kommt! Aber für euch ist Kunst höchstens ein Gaul, den man zum Schinder bringen kann, falls er noch Taler bringt. Und von heut ab lauf Er mir nie wieder über den Weg oder . . .«

Schiller drohte mit der Faust und schlug das Fenster vor Mohls Nase zu. Dann lief er schnell vor das Haus, zog die Bank weg unter Mohls Füßen, so daß der wie ein Hampelmann am Hosenträger hing, und ging die Dorfstraße hinunter, auf die Felder hinaus. Als er sich nochmals umdrehte, sah er Mohl, mit beiden Händen die Hose haltend, eilig in entgegengesetzter Richtung verschwinden.

»Gohlis, am 6. September 1785

Mein lieber Körner!

Mein bisheriges Dasein in Gohlis seit Eurer Abfahrt war einsiedlerisch, traurig und leer . . . Schreibe mir mit dem ersten Posttag, ob ich kommen kann und darf . . .«

Dann, am 11. September, stand Schiller schon lange vor vier in der Poststube am Grimmaischen Tor. Endlich kam Doktor Albrecht, nur zwei kleine Reisetaschen bei sich, während Schiller seine zahlreichen Kisten und Päckchen schon hatte aufladen lassen. Als sie in den Hof traten, stand die leicht gebaute Kutsche schon abfahrbereit. Extrapost nach Dresden. Die Pferde waren unruhig. Der kalte

Morgen ließ ihren Atem im Schein der Laterne wie Dampfwolken erscheinen. Kaum saßen die beiden Reisenden, ruckte der Wagen schon an.

Kurz darauf schloß sich das Grimmaische Tor hinter ihnen. Vorn eine vom Morgendämmer umrissene, als Silhouette nur ahnbare Landschaft.

Dresden
1785/87

»Ich bin erwacht,

ich

fühle mich . . .«

9. Kapitel

Die Rebstöcke stemmten sich gegen den Hang mit schweren Trauben im Laub. Und schwer und breit lag auch der Fluß am Fuße der Hänge und wand sich zur Stadt, belebt von Lastenseglern, die den Westwind nutzten stromauf, und von treibenden Flößen und Kähnen. Jetzt spürte Schiller auch die nackenwärmende Sonne. Ein freundlicher Oktober, ähnlich wie am Neckar. Ach, der Neckar!

Er war zufrieden mit sich. In den stillen Morgenstunden war das Lied fertig geworden. Am Haus unten stieg Rauch aus dem Schornstein. Er stemmte sich auf das Geländer.

»Friedrich! Fritz!« Eine Frauenstimme drang herauf. Und da sah er schon eine Gestalt unter den Bäumen hervortreten: Dora.

»Das Frühstück ist fertig. Komm herunter zum Frühstück!«

Schiller winkte zurück, zum Zeichen, daß er verstanden hatte, holte ein eng beschriebenes Blatt aus dem Häuschen und stieg den steilen, gewundenen Pfad zwischen den Weinstöcken hinab.
Das Hausmädchen hatte den Tisch unterm Nußbaum schon gedeckt; man wartete nur auf ihn.
»Friedrich! Wo willst du hin? Was tust du?« rief Minna, ein wenig ungehalten, vom Tisch. Gottlieb, Körners Diener, kam mit einem Tablett über die kleine Brücke, die den Weinberg mit der eng an den Hang gedrängten ersten Etage des Sommerhauses verband. Schiller nahm ihm das Tablett ab.
»Gottlieb, laß mich das machen, zum Coffee braucht's eine poetische Hand!« Und nah an dessen Ohr fügte er leise hinzu: »Stell Champagner kalt, ich geb' das Stichwort, wenn's Zeit ist.« Er drängte den verdutzten Gottlieb mit der Schulter zum Haus zurück.
»Warum ruft ihr mich auch so spät! Ich hätte schon vor Stunden verhungert vom Berg fallen können!«
»Nun hört euch diesen sittenlosen Schwaben an! Des Nachts will er nicht ins Bett und beschwatzt meinen Mann bis zur Geisterstunde, und noch vor den Hähnen sitzt er auf dem Berg und kaut an der Feder! Und dann beschimpft er uns noch!« Minna war verstimmt, auch wenn sie ihren Unmut in scherzhafte Worte faßte. Dora lachte mit vollem Mund in ihre Serviette.
»Hast du was geschafft, Fritz?«
»Hab' ich.« Schiller langte ausgiebig zu.
»Und? Red schon!« Körner lehnte sich erwartungsvoll über den Tisch.
»Ein Lied.« Schiller nahm sich schwungvoll die Kaffeekanne, so daß sie überschwappte, zum Ärger Minnas.
»Friedrich, das neue Tuch.«
»Laß nur, Miezchen, du hast den ganzen Schrank voll davon. Also Fritz, was für ein Lied?«
»Das, was ich in Gohlis begonnen habe.« Er zog das Blatt aus der Tasche und reichte es Dora. Dann begann er, umständlich die Pfeife zu stopfen, blickte nur verstohlen unter den Brauen hervor, um die Wirkung der nächtlichen Arbeit in den Gesichtern zu lesen.

Dora überflog den Text, bewegte lautlos die Lippen dabei, schließlich las sie laut vor:

»Freude, schöner Götterfunken,
Tochter aus Elysium ...«

»Nun hört euch das nur an!« wandte sich Körner an die beiden Schwestern.
»Siehst du, Miezchen, du mußt ihn nur lassen. Hier in Loschwitz kommt der Dichter wieder in Schillern!«
Dora stand auf, drückte Körner das Blatt in die Hand und dann Schiller einen Kuß auf jede Wange: «Das soll unser Lied sein, ›Freude, schöner Götterfunken‹, Fritz, du hast einen Wunsch frei bei mir!«
»Ja, wenn das so ist ...«, sagte Schiller gedehnt.
Minna hatte den Zeigefinger erhoben: »Dora, will nicht der Huber bald kommen? Dein Verlobter, wenn ich mich recht erinnere ... Aber schön hast du das geschrieben, Friedrich!«
»Also gefällt's euch. Darauf müssen wir anstoßen!« Gottlieb hatte schon mit Flasche und Gläsern hinter den Bäumen gestanden. Jetzt trat er an den Tisch und schenkte ein.
»Die Freude soll unsere treibende Kraft sein, die Freude!« Schiller war auch aufgestanden, fuhr mit seinem Glas über den Tisch und stieß schwungvoll an mit den Freunden. Minnas Glas klirrte – und sie hielt nur noch den Stiel in der Hand.
»Ach Friedrich, weißt du ...!«
»Jammere nicht, Minna, nimm das als Glückszeichen!« Und Schiller warf sein leeres Kristallglas mit großer Geste über die Schulter, auf den Steinweg hinunter vor das Haus. Dabei hatte er Dora angesehen. Die senkte den Blick, nahm die Serviette vom Tisch und tupfte sich damit fahrig im Gesicht herum.
»Kinder, ich muß ans Klavier! Das Lied braucht eine Melodie!« Körner wollte zum Haus, aber Minna hielt ihn am Arm zurück.
»Gottfried, wir wollen doch nach Pillnitz heute. Das hat doch auch am Abend Zeit!«

»Oh, natürlich, Miezchen! Das hätte ich beinahe vergessen. Kommt, packen wir zusammen.«
»Vielleicht bleibe ich lieber hier?« Dora sagte das mit einem schnellen Blick zu Schiller, der das wohl bemerkt hatte und nun scheinbar noch interessierter die herbstbunten Nußbaumblätter betrachtete. »Jemand muß doch die Waschfrauen anleiten. Fahrt nur, ich bleib' lieber hier.«
»Aber nein, Dora. Das können wir dir nicht zumuten, der Gottlieb macht das schon. Und Friedrich will arbeiten, da ist er froh, wenn im Hause mal Ruhe einzieht. Nicht wahr, Friedrich?«
Dora wurde von Minna untergehakt und vom Frühstückstisch weggezogen. Sie wandte aber noch einmal den Kopf zu Schiller und verdrehte gewaltig die Augen. Schiller zuckte bedauernd die Schultern. Da war nichts zu machen.

Die Bücher hatte er sich aus der kurfürstlichen Bibliothek drüben im Japanischen Palais kommen lassen. Eine englische »Geschichte der Regierung Philipps des Zweiten von Spanien«, eine französische Darstellung des Dreißigjährigen Krieges, ein historisches Prosastück Merciers. Die Bände türmten sich neben ihm auf dem Schreibtisch. Seit zwei Stunden las er schon, mit geröteten Augen und heißem Kopf.
»Ich wollt', ich hätte zehn Jahre hintereinander nichts als Geschichte studiert! Glaubst' mir's, Huber? Ein ganz anderer Kerl würd' ich sein. Gegen die Verwicklungen der Historie ist jede Dichtung doch nur Stümperei, armselige.«
»Mmh.« – Huber lag in Stiefeln auf den zusammengerückten Betten und las unkonzentriert Zeitung.
»Geschichte mußt' lesen, und nit diese ›Merkwürdigen Blätter seichten Inhalts‹, Huber.«
»Die ›Dresdner Merkwürdigkeiten gemeinnützigen Inhalts‹!«
»Willst' nit was tun für deinen Minister? Mir war, als wolltest du Gesandtschaftssekretär werden?« Schiller stellte das schwere, marmorne Tintenfaß auf die Buchseite und wandte sich über die Lehne Huber zu. Der steckte noch immer hinter der Zeitung.

»Im Amt spiele ich morgen wieder auf. Für heute ist mir's sauer«, kam es von dort.
»So kann's nit bis in die Ewigkeit gehen, Huber, ich hab's begriffen jetzt. Aufraffen müssen wir uns, daß was wird! Weniger schwärmen und fruchtbarer handeln!«
»Fritz, du hast recht. Auf der Stube verkrautern wir nur!« Huber warf die Zeitung auf das Nachbarbett und stand mit einem Satz vor dem hohen Wandspiegel.
»Wir gehen ins Café ›Chiaponne‹ auf die Schloßgasse. Da treffen wir jetzt die Mädchen der Bondinischen Truppe, wenn ich nicht sehr irre.«
»Meinst du das im Ernst, Huber? Und das Abendessen?«
»Dorchen wartet auf mich, das wolltest du sagen? Ein bißchen warten schadet ihr nichts. Bei den wichtigen Geschäften, die ich jetzt habe.«
»Dora hat das nit verdient. Ich hab' sie kennengelernt in den Wochen jetzt.« Schiller stand auf und ging zum Fenster.
Hier ging der Blick über den Japanischen Garten – Huber und er wohnten seit kurzem zusammen im Haus des Hofgärtners Fleischmann. Da spazierte er morgens oft, und auch am Nachmittag, wenn sich der Dunst der Elbe in sanften Schwaden über die fremden Gehölze und Stauden legte.
»So, kennengelernt hast du Dorchen!« Huber lachte in den Spiegel, vor dem er seine Kleider ordnete und dann mit der Bürste über den Rock strich. »Was ist, Fritz? Mein Vorschlag ist gut.«
»Nichts, es ist nichts. Meine Seele ist beklemmt. Lassen wir das. Du wirst keinen Sinn aus meinen Worten ziehen. Ich will heut nicht ins Café. Das ist alles.«
»Fritz, das vergeht wieder. Ich werfe mich jedenfalls ins Getümmel.«
Huber ging zur Tür: »Und grüß die Mädchen von mir! Bei mir wird's heute wohl später. Im Amt.« Er zwinkerte, schon in der Tür, Schiller zu. Dann war eine laut gepfiffene Melodie von der Treppe zu hören, bis sie sich vor dem Haus verlor.
Schiller versuchte, sich wieder in die niederländische Geschichte zu

vertiefen. Aber seine Gedanken waren noch bei Huber und bei Dora. Er knöpfte sich die Weste zu, aber gleich wieder auf; den Degen hatte er noch nicht umgeschnallt. In Dresden hielt man auf Etikette. Dann nahm er Rock und Mantel vom Haken, sah flüchtig in den Spiegel und ging aus der Stube.

Die Gasse war nur mäßig belebt. Einen Moment unschlüssig über die Richtung, wandte er sich schließlich nach links, zu den Elbwiesen. Die Häuserreihe hörte hier unvermittelt auf. Sanft, nur mit wenigen niedrigen Büschen bestanden, fiel das Ufer zum Fluß hin ab. Anders als auf der Altstädter Seite, wo die Elbe sich im weiten Bogen eine tiefe Rinne geschnitten und ein steiles Ufer geschaffen hatte, an dem die schweren Lastkähne anlegten.

Er ging den gewundenen Pfad über die Wiese. Eine Waschfrau sammelte verspätet ihre zum Bleichen ausgebreiteten Wäschestücke ein. Pferdegetrappel und Schnauben im Rücken ließen ihn schnell zur Seite treten: Ein Stallknecht, drei weitere Tiere an der Leine, preschte ohne Sattel an ihm vorbei. Unten, im knietiefen Wasser, sprang er ab und begann, die Pferde zu waschen.

Schiller spazierte gemächlich weiter, er überholte noch zwei Paare, die wie er vor dem Abend nochmals den Fluß genießen wollten. Im Windschatten vor der Brücke hatten einige Fischer ihre flach gebauten Boote aufs Land gezogen. Sie saßen dazwischen vor kleinen Feuern und sahen nur kurz auf, als er sich einen Weg suchte zwischen den Booten.

So kannte er es vom Rhein und vom Neckar; diese Atmosphäre war ihm vertraut. In der Hofkirche drüben und im Schloß dahinter flakkerte schon Licht in den Fenstern. Hier und da auch in den Palais der Brühlschen Terrasse, wie ihm schien, doch sie wurde größtenteils durch die Augustusbrücke verdeckt. Die Brücke wölbte sich auf zwei Dutzend steinernen Pfeilern zur Neustadt hinüber, als einzige feste Verbindung zwischen den Stadtteilen.

Schiller stieg die seitlichen Stufen zur Brücke hoch. Oben hasteten Reiter, Fußgänger, Sänften in beiden Richtungen. Er lehnte sich an die Steinbrüstung und beobachtete. Ein vierspänniger Wagen, voran zwei berittene Gardesoldaten, kam näher. Jetzt erkannte er auch

das kurfürstliche Wappen an der Tür. Die Vorhänge waren zurückgezogen und gaben den Blick frei in die Kabine. Sie war leer. Nur zwei große, langschnäuzige Hunde standen mit den Vorderpfoten an den Scheiben. Die eben noch eiligen Fußgänger verhielten, verneigten sich tief, die Männer nahmen die Hüte ab.
Schiller sah ihnen belustigt zu. Ihr verneigt euch vor Windspielen, ihr Kleingeister, hätte er rufen mögen, tat es aber nicht. Die Kutsche zog vorbei, hintenauf zwei Diener in Livree mit starren Gesichtern.
In die Leute kam wieder Bewegung. Die Nahestehenden blickten, mehr erschrocken als empört, zu dem langen, degentragenden jungen Mann, der den Vorgang mit Heiterkeit verfolgt hatte: Was für Sitten hielten Einzug, hier in der kurfürstlich-sächsischen Residenz! Die Leute gingen kopfschüttelnd weiter, drehten sich gar noch einmal nach ihm um. Schiller tat, als übersähe er das, und schlenderte weiter, hart am Rande des Bürgersteigs.
Eine leichte Kalesche kam ihm schnell entgegen. Wenige Fuß vor ihm krachte es. Das Hinterrad war auf einen hochstehenden Pflasterstein geprallt und brach knirschend. Die Pferde zogen erschreckt weiter, und die Kutsche geriet halb auf den Fußweg. Schiller warf sich dem hochgehenden Schimmel in die Zügel. Fast eine Heldentat für ihn, bei seinem zwiespältigen Verhältnis zu Pferden. Der Schwager drehte fluchend die Bremskurbeln fest und stieg vom Bock. Aus dem Wagen kletterten drei bleichgesichtige Frauen.
Schiller wollte gehen, das weitere war Sache des Kutschers, aber die älteste der Damen hielt ihn zurück.
»Warten Sie, mein Herr, warten Sie! Wir möchten unserem Ritter danken.«
»Ich bin in äußerster Eile, Madame, entschuldigen Sie . . .«
Immer mehr Neugierige hatten sich um sie und die Kutsche eingefunden.
»Sagen Sie uns wenigstens, wo Sie wohnen, mein Herr. Wir möchten uns erkenntlich zeigen.«
Die beiden jüngeren Begleiterinnen, fast noch Mädchen, drückten ihm jetzt auch die Hand. Schiller wollte schleunigst fort.

»Ich muß mich empfehlen. Oberkonsistorialrat Körner, dort wohne ich. Mesdames. Mesdemoiselles!« Er deutete nochmals eine leichte Verbeugung an. Das schwarzhaarige Mädchen mit den dunklen Augen blickte er für einen Moment genauer an, als sie sich einen Ring vom Finger zog und ihn ihm dann in die Hand drückte.
»Als Pfand vorerst, mein Herr, für unseren Dank . . .«
Er wandte sich schnell um und drängte durch die Menge.
Es war spürbar dunkler geworden inzwischen. Im Körnerschen Haus auf dem Kohlenmarkt würde man schon warten auf ihn. Er lief mit ausgreifenden Schritten dem Neustädter Markt zu, vorbei am Blockhaus der Neustädter Wache. Dahinter bog er in die Meißnische Straße ein mit ihren hochgeschossigen, schlichten Bürgerhausfassaden, die fast durchweg in spitzen Giebeldächern mit zwei bis drei Mansarden ausliefen.
Vorbei an Körners Amt, dem alten Kanzleigebäude und Sitz der höchsten Regierungsstelle für das Kirchen- und Schulwesen. Jetzt war es nicht mehr weit bis zum Kohlenmarkt, und er lief langsamer, um zu Atem zu kommen. Seine Rechte hielt noch den geschenkten Ring umschlossen. Schiller verhielt einen Moment und besah ihn sich genauer: Zierlich gearbeitet war er, aus Gold, im Oval oben ein getriebenes Wappen. Der Ring paßte gerade so über seinen kleinen Finger.
Die Haustür war nicht verschlossen; er zog trotzdem an der Glocke.
»Ich bin da«, rief er im Hausflur nach oben und setzte hinzu, als ein Gong die Stunde schlug, »pünktlich wie die Post!«
Drei Stufen nahm er auf einmal. Gottlieb, der ihm die Treppe herunter entgegenkam, drückte er Mantel und Hut in den Arm.
»Wo sind sie?«
»Im Eßzimmer. Es ist schon serviert.«
Im Flur oben tauchte er die Hände in das Porzellanbecken, dann das Gesicht. Körner, Minna und Dora saßen schon am Tisch, als er eintrat.
Die Wohnungen hier am Kohlenmarkt waren nicht weiträumig, aber gemütlich. Körner hatte vor der Hochzeit Wochen damit zugebracht, die Zimmer ohne auffälligen Prunk und mit viel Geschmack

einzurichten. Schiller rückte sich seinen Stuhl zurecht, Dora gegenüber.
»Das Essen vergißt du wohl nie über deiner Historie? Und wo hast du Hubern gelassen?«
»Die Sehnsucht nach dir, Dorchen, treibt mich an den Tisch.« Er versuchte einen schmachtenden Blick, widmete sich aber gleich dem Schinken und fuhr kauend fort: »Huber läßt sich entschuldigen. Er hat da noch einige Wege.«
»So. Wege hat er noch«, bemerkte Minna mit einem schnellen Seitenblick zu Körner.
»Was hast du für einen Ring da?« Sie führte Schillers Hand über den Tisch und drehte sie im Schein des Deckenleuchters. »Das Wappen der Arnims! Wo hast du den her?«
Schiller erzählte seine Heldentat, er stand gar auf dazu und spielte sie, mit dem Messer fuchtelnd, vor. Körner verschluckte sich und hustete ins Taschentuch, Dora liefen die Lachtränen herunter, und sie wäre mit dem Stuhl gegen den Ofenschirm gekippt, hätte Minna sie nicht noch zurückgezogen.
»Drei Damen auf einen Streich hat er gerettet, der große Frauenretter Fritz Schiller! Du hast der Arnim hoffentlich nicht deine Wohnung verraten?« fragte Minna und sah bedeutungsvoll zu ihrem Mann.
»Meine nit. Die eure.«
»Großer Gott! Der Mann ist von Sinnen gewesen!«
»Laß nur, Miezchen, woher soll Fritz davon wissen«, schaltete sich Körner ein.
»Wovon soll ich wissen? Kennt ihr die Damen?«
»So könnte man es ausdrücken. Die Arnim hat, nun ja, sie ist ein wenig ungünstig im Gespräch hier in der Stadt.«
»Minna, ich bitte dich, lassen wir das doch! Fritz, gehen wir rüber ins Zimmer, auf eine Pfeife?« Sie standen auf, das Hausmädchen kam schon mit dem Tablett zum Abräumen.
Im Gesellschaftszimmer nebenan setzten sie sich in die bequemen Sessel am Spieltisch. Körner reichte Schiller die Tabaksdose.
»Hattest du Streit mit Huber?«

Schiller paffte seine Pfeife, bis sich ein Glutbett gebildet hatte. »Nit eigentlich Streit. Die Kluft ist nur größer geworden. Ich denk', ich bin ihm bald nichts mehr. Und er mir wenig. Er lebt so sehr an der Oberfläche, so in den Tag hinein. Anfangs dacht' ich, das gibt sich, er muß sich ausleben. Nichts. Ich mein', das ist sein Charakter. Um Dorchen ist es mir leid.«

»Sie will das nicht wahrhaben. Vielleicht zwingt die neue Stellung Huber . . .« Gottlieb war mit einer Flasche in die Tür getreten und sah fragend auf Körner.

»Vom Neuen? Dann wollen wir mal sehen, was das für ein Jahrgang wird.« Gottlieb schenkte ein, und Körner hielt das Glas gegen den Leuchter, kostete dann: »Sag dem Meier vom Weinberg, er hat ihn gut gekeltert!« Gottlieb ging wieder.

»Wie weit bist du mit den historischen Studien?«

»Nit sehr weit. Aber das sind Welten, neue Welten für mich. Die Geschichte wird mir teurer, täglich. Und auch, wenn der ›Carlos‹ darüber liegenbleibt; ich meine, ich kehr' gescheiter und solider zu ihm zurück, wenn ich die Historie verdaut habe.«

»Das ist es, Fritz. Wer treibt dich denn? Niemand! Und Göschen kann warten. Langsamer, aber solide. So ist es.«

»Weißt du, ich komm' jetzt allmählich dahinter. Was du mir mal nachts erklärt hast: Daß die Ideale das eine sind, die wirkliche Welt und die Zwänge das andere. Daß dort nicht der Aufschrei hilft, wo man tätig sein muß . . .«

Lange nach Mitternacht erst wurden auch die oberen Fenster im Hause Kohlenmarkt 14 dunkel.

10. Kapitel

Gottlieb leuchtete mit der Laterne voran, denn hier auf der Hauptpromenade war es dunkel. Der niedrig hängende, verschleierte Mond ließ die Linden lange, unscharfe Schatten werfen. Die rechte Einstimmung für das nächtliche Vergnügen. Huber hatte Mühe, sich Schillers langen Schritten anzupassen.
»Meinst du, daß es stattfindet?« fragte Schiller den hörbar atmenden Schatten neben sich.
»Aber ja! Schrepfer ist nicht nur Taschenspieler. Auch Geschäftsmann!«
Ein paar Dutzend Fuß weiter pendelte eine Laterne über einem Hauseingang. Sie verhielten, und Huber ließ den Türklopfer mehrmals gegen das Holz fallen.
»Kannst nach Haus, Gottlieb, wir finden allein zurück. Falls wir's überleben!« Huber lachte in seinen Mantelkragen, als der Diener erschrocken die Brauen hochzog, aber nichts erwiderte und umkehrte. Die Tür wurde einen Spalt geöffnet.
»Die Herren wünschen?« näselte jemand.
»Sagittarius«, antwortete Huber nur, und die Tür öffnete sich gerade so weit, daß sie schnell hintereinander hineinhuschen konnten. Der kräftig gebaute Bedienstete verschloß die Tür hinter ihnen und ging dann voraus über einen von Fackeln beleuchteten Flur zur rückwärtigen Pforte des Hauses. Im Garten erkannte man die Umrisse eines geräumigen Pavillons.
»Woher weißt du das Kennwort?« flüsterte Schiller.
»Ich weiß auch noch mehr. Es ist immer der Tierkreis des Monats.«
»Da hinein, die Herren. Die Mäntel, Röcke und Westen sind im Vorzimmer abzulegen. Ein dringender Wunsch des Meisters«, unterbrach sie der Bursche.
Der große Vorraum war nur mäßig von Leuchtern erhellt. Allerhand Leute hatten sich versammelt, auch Damen darunter. Sie sa-

ßen oder standen in Grüppchen herum, musterten jeden Neuankömmling kurz, aber genau.
»Mesdames! Messieurs!« Aus einer Seitentür trat ein hochgewachsener Mann mit einem in der Taille geschnürten, aber weiten Gewand: Schrepfer. Die tiefliegenden, eng an der Nasenwurzel stehenden Augen in seinem lederfaltigen Gesicht erfaßten mit einem umschweifenden Blick die Anwesenden.
»Noch ist die Stunde der Ruhelosen nicht gekommen. Lassen Sie uns zunächst die milderen der geheimen Mächte versuchen!« Er klatschte in die Hände. Ein Diener löschte die Kerzen, bis auf einen dreiarmigen Leuchter auf einer langen rechteckigen Tafel.
»Kommen Sie! Den Schmuck, Madame, werden Sie für ein Stündchen entbehren müssen. Er würde die Erdkräfte verwirren«, wandte sich Schrepfer an ein dickliches altes Fräulein, das mit den Gepflogenheiten einer Séance wohl nicht vertraut war.
Huber und Schiller waren schnell am Tisch. Huber sicherte sich einen der Sitzplätze.
»Paß auf, gleich necke ich den Meister ein bißchen«, flüsterte er Schiller ins Ohr.
Der Meister legte beide Hände mit gespreizten Fingern auf die Tischplatte, sah erst mit verdrehten Augen zur Decke, dann eine Weile starr vor sich hin.
»Fragen wir die Mächte, ob sie die Sterblichen anzuhören gewillt sind«, sagte er endlich dumpf und monoton. Schiller spürte ein leichtes Zittern am Oberam des Nachbarn.
Auf der Tischplatte vor dem Meister lag plötzlich eine Stahlkugel, die sich langsam in Bewegung setzte. Schrepfer machte in einigem Abstand über ihr beschwörende Handbewegungen. Die Kugel rollte auf ihn zu. Er drehte die Handflächen nach innen – die Kugel glitt von ihm weg, begann, eine schnurgerade Bahn in Längsrichtung des Tisches zu ziehen.
In die Platte waren rundum astronomische Symbole eingelassen. Ein inneres Oval um den Leuchter kennzeichnete Tage und Tageszeiten. Schrepfer hatte jetzt die Ellenbogen aufgestützt, die Hände wie in großer geistiger Anstrengung mit den Fingerspitzen an Stirn

und Wangenknochen. Schon vorher war Schiller der klobige Ring aufgefallen. Jetzt sah er das eingeschnittene Zeichen an der Oberseite genauer.
Die Kugel war fast an der gegenüberliegenden Schmalseite des Tisches angekommen, wendete nun und verhielt schließlich am Symbol für Schütze – der Monat Dezember also. Nun rollte die Kugel langsam um die Kurve, auf den Platz Hubers zu. Der hatte wie alle die Hände flach vor sich auf die Tischkante gelegt. Sie wiesen auf die Zahl einunddreißig, also nicht auf das heutige Datum. Die Kugel war fast an Huber vorbei, da stoppte sie und kam zurück. Schiller sah, wie sich Schrepfers Stirnfalten hinter den Fingern zusammenzogen. Die Kugel rollte wieder vorwärts, stoppte und rollte wieder zurück. Der Meister schien unruhig zu werden. Er rieb sich nervös die Handflächen, die Kieferknochen arbeiteten.
Schließlich riß sich die Stahlkugel mit Schwung aus Hubers Bereich und kam beim richtigen Datum zur Ruhe. Schrepfers Züge entspannten sich.
Durch die Runde ging ein Aufatmen, als hätten die Leute bis jetzt die Luft angehalten. Der Meister lehnte sich zurück, die Arme auf dem Tisch, den Kopf in den Nacken gelegt, als müsse er sich von einer großen Anstrengung erholen. Dann sprach er, mit der gleichen eintönigen Stimme wie vorhin:
»Die Mächte sind gewillt.«
Die Leute waren beeindruckt, einige gingen verängstigt vom Tisch weg und ließen sich die Mäntel bringen. Der Diener lief mit einer silbernen Schale von einem zum andern und sammelte Spenden für ein amerikanisches Waisenhaus, wie er sagte. Der Meister nähme kein Geld für seine Künste.
»Fritz, wir rauchen noch ein Pfeifchen, bis die Hauptvorstellung losgeht. Hast du gesehen? Wie der Scharlatan unruhig wurde?«
»Er arbeitet mit Magnetsteinen?«
»So ist es. Ich aber auch!« Huber setzte sich auf ein Sofa, schlug die Beine übereinander und fuhr sich wie zufällig mit der Hand über das rechte Knie. »Das ist er. Ich durft' es nur nicht zu weit treiben mit der Kugel. Schrepfer ist ein Fuchs!« flüsterte er.

»Daß die Leute solchen billigen Zauber ernst nehmen! Ein Zeitalter der Vernunft, daß ich nit lache!«
Zwei teuer aufgeputzte Damen und ein junger Herr hatten sich, fächerwedelnd, neben das Sofa gestellt. »Hach, wie aufregend, Frau von Klotsche«, sprach die eine gerade mit spitzer, dünner Stimme, »und der Graf wollte nicht an Geister glauben, als wir gestern mit dem Meister dinierten!«
»Ich habe ihm gleich die magischen Kräfte angesehen, meine Teuerste! Diese schrägstehenden Ohren haben nur Künstler oder Magier. Neulich beim Konzert, als der Kurfürst mir zunickte . . .«
»Standen Sie nicht im Seitengang, Frau von Klotsche? Der Kurfürst soll kurzsichtig sein.«
»Das Konzert war jedenfalls ein außergewöhnliches Erlebnis, meinen Sie nicht? Wann sieht man sonst den ganzen Hof beisammen!
»Mesdames, die Séance nimmt ihren Anfang«, mischte sich nun der blasse Graf in das Gespräch. Die Flügeltür zum Saal war weit geöffnet worden. Eine Uhr schlug zwölfmal aus dem Dunkel dahinter. Weihrauchschwaden drangen heraus.
Huber und Schiller klopften die Pfeifen aus. »Wenn Du hineinkommst, schau dir das rechte Fenster genau an. Ganz oben im Bogen ist ein ganz schwaches Licht. Dahinter ist eine Magische Laterne mit einem Bild, auf Glas gemalt . . .«, sagte Huber dabei.

Eine Stunde später standen sie wieder auf der Straße.
»Wie hast du das zustande gebracht? Du bist ein Teufelskerl, Huber! Den eitlen Magier so aufs Kreuz zu legen!«
»Ein paar Taler für den Wirtshausgehilfen und ein Ersatzbildchen für die Magische Laterne. Da kann man jeden Geist erscheinen lassen. Oder auch nicht.«
»Ein trauriger Spaß ist es! Man darf nur nicht tiefer nachdenken darüber. Diese Leute! Die sollen meine Stücke verstehn? Was soll ich denen ›Gedankenfreiheit‹ predigen, wenn sie nichts anzufangen wissen damit? O tempora, o mores . . .«
»Die Zeiten und die Sitten, du sagst es. Du kannst sie nur zum Nachdenken zwingen, man muß sie bescheißen mit Kunst! Sie dürfen

es gar nicht merken, wie sie Gedanken untergeschoben kriegen.«
»Göschen hat mir das auch schon gesagt, und ich werd's versuchen. Diese Geisterseher . . . Das ist was für meine ›Thalia‹!«

»Das ist ein Bubenstück!« Körner beugte sich, Rasierschaum im Gesicht und ein Tuch um Hals und Oberkörper, zum Spiegel vor, um die beiden hinter sich besser sehen zu können, und schlug dabei begeistert mit der Faust auf die Kommode. Das Rasierwasser schwappte über. Gottlieb näherte sich wieder mit dem Messer.
»Laß doch mal!« sagte Körner unwirsch zu seinem Diener und schob dessen Arm zur Seite.
Schiller und Huber saßen vor den Fenstern am Frühstückstisch, mit übernächtigten Gesichtern, aber fröhlich.
»Die ehrbaren Residenzstädter haltet ihr zum besten! Ich hätt' dabei sein mögen!« Körner wandte sich nun vom Spiegel weg und direkt den beiden zu.
»Ehrbar sagst du? Was ist ehrbar an so viel Blödheit und Dünkel?« fragte Huber kauend und goß sich dabei Kaffee nach. »Oder was sagst du, Fritz?«
»Eine Wüste der Geister ist die Stadt. Die Kursachen sind nit die liebenswürdigsten von unsern Landsleuten, aber die Dresdner sind vollends ein seichtes, unleidliches Volk, bei dem es einen nie wohl wird, mir nit. Und . . .«
»Nun hört sich doch alles auf! Da sitzen die Lotterbuben schon wieder und halten meinen Mann ab. Körner, du mußt ins Konsistorium!« rief Minna, die in die Tür getreten war, zornig dazwischen. »Und mit Gesichtern wie Scheuerlappen! Ihr solltet gelegentlich mal etwas Vernünftiges tun! So eine Zigeunerbande im Haushalt.«
Huber und Schiller hatten ihre Taschentücher hervorgeholt und taten, als wischten sie sich Reuetränen aus dem Gesicht.
»Schimpf nicht, Minna. Sie waren bei Schrepfers Geisterbeschwörung.«
»Sag' ich's doch! Nur Amüsement . . .«, fing Minna wieder an.
»Und Friedrich hat die halbe Nacht geschrieben. Ein Roman wird es, ›Der Geisterseher‹«, beschwichtigte sie Körner.

»Geisterseher bin ich auch, so wie die beiden hier sitzen. Komm, Mann, gleich schlägt es elf!«
»Ich bin noch nicht rasiert.«
»Gottlieb, dann mach Er. Und halt Er die beiden Strolche mit dem Rasiermesser in Schach, wenn sie den Herrn Konsistorialrat weiter belästigen!« Minna verließ kopfschüttelnd das Arbeitszimmer.
»Nimm dir Zeit, Gottlieb. Ich geh' heute nicht mehr ins Amt. Lauf dann rüber, wenn wir fertig sind, und entschuldige mich für heute. Also Fritz, bei den Dresdnern waren wir stehengeblieben.«
»Bei den Dresdnern und ihrem Kurfürsten«, antwortete Schiller, der sich zurückgelehnt hatte und die Pfeife in Gang setzte. »Die ganze Residenz verstaubt und versinkt in scheinheiliger Frömmelei und genauester Ständetrennung, was niemanden hindert, übersinnlichen Mächten zu huldigen und zu huren und zu saufen, daß die teuren Residenzwände wackeln. So ist das!«
»Leider. Liebend gern ginge ich nach Jena oder Weimar, wenn da nur eine Anstellung für mich wäre. Lassen wir das Thema. Erzähl uns von deinem ›Geisterseher‹-Plan!«
»Plan? Den habe ich nit. Wie's eben aus der Feder kommt. Die Psychologie interessiert mich dabei. So fern ist das nit von meinem ›Carlos‹: Die Abgründe auf dem Weg zur geistigen Freiheit, der Hang zum Okkultismus, zu irgendwelchen Geheimlehren. Und es ist was für die Leute. Abenteuer, Grusel, Wirkung. In die ›Thalia‹ muß etwas hinein, was die Leute auch lesen . . .«

11. Kapitel

Früher, in der Kindheit, waren die Jahre länger gewesen. Und die Jahreszeiten dehnten sich traumhaft, gingen unbewußt und unbemerkt ineinander über, alle gleichermaßen von Reiz. So schien es ihm jedenfalls in der Erinnerung. Damals hatte er kein Gefühl für die Zeit, nur für den Tag.

Jetzt ahnte er im Spätsommer schon den traurigen November und die starren, leblosen Wochen des Winters. Jetzt schrumpfte für ihn das Jahr immer mehr auf ein übersichtliches Schema, auf die ständige Spannung zwischen Getanem und Unerledigtem. Und das Frühjahr war noch weit mit seinem Überschwang und Unmaß an Aufbruch. Silvester war gerade mit Erkältung und mühsam erzwungenem Arbeitseifer an ihm vorübergegangen.

Die letzten zwölf Monate waren nicht verloren für ihn: Der »Carlos« nahm endgültige Formen an, das vierte Heft der »Thalia« war soeben erschienen, die historischen Studien öffneten ihm Welten, und das sorglose Leben bei Körners sollte Zufriedenheit eigentlich fördern. Trotzdem war ihm nicht wohl in der alten Haut. Seine frühere Unbefangenheit war dahin. Umbrüche bahnten sich an, und seine wechselnden Stimmungen bestätigten ihm das nur.
Nach Maskerade war ihm schon gar nicht, aber er hatte sich überreden lassen, heute zur Redoute mitzugehen, zum Maskenball. Nicht, weil beide Körners, Dora und Huber gingen, sondern weil Minna, als sie kürzlich beim gemeinsamen Abendbrot das bevorstehende Ereignis besprachen, beiläufig die mit Sicherheit anwesenden Arnims erwähnte. Der dunkelhaarigen Mademoiselle war er inzwischen auf dem eisglatten Pflaster der Schloßgasse wiederbegegnet. Sie hatte ihm einen Blick zugeworfen, daß er gedankenverloren fast ausgerutscht wäre und nur mit Mühe das Gleichgewicht wiederfand.

Nun also zur Redoute. Sie hatten sich zu fünft in die Kutsche gezwängt. Die hielt jetzt, der Kutscher war vom Bock gestiegen und riß die Tür auf.
»Hoch mit dir, Fritz, wir sind da! Kannst im Saal weiterträumen«, hörte er Dora rufen, die schon draußen stand. Sie waren spät dran.
Schiller drehte sich vor der Spiegelwand im Vorraum und zupfte an seinem Kostüm: ein spanischer Edelmann. Durch die geschlossenen Flügeltüren schlug Lärm in allen Abstufungen. Dazwischen wellenartig Musikfetzen. Er schob die Halbmaske vor das Gesicht und lief den anderen nach.
Sie hatten einen Tisch auf der Galerie, aber mit guter Sicht auf den Saal. Dort hatte man schon alle Steifheit verloren beim Tanz. Den Musikanten auf dem Podest sah man die Freude am Musizieren an. Einige der Paare lösten sich aus der Menge, tanzten zwischen die Tische, die anderen folgten. Und bald war die Mehrzahl der Unentschlossenen mit einbezogen. Zumindest dort unten; der Tisch hier oben lag doch etwas abseits.

»Ihr entschuldigt mich. Ich glaube, ich habe einen Bekannten gesehn«, sagte Huber in die Runde und verschwand, nachdem er ein Sektglas in einem Zuge geleert hatte. Er hatte sich gar nicht erst gesetzt, als sie heraufkamen, sondern war hinter Doras Stuhl stehengeblieben. Unmittelbar darauf wurde Dora von einer Domino-Maske zum Tanz aufgefordert, und Körners schlossen sich an.
Schiller saß allein an der Brüstung und paffte seine Pfeife. Zu erkennen mußte die Arnim doch sein, auch unter einer Maske. Junge Damen ihrer Größe und Statur sah er einige. Sie winkten herauf im Vorbeidrehen, als sie sich so gemustert sahen, aber die Gesuchte war nicht dabei. Sie würde anders reagieren. Das hoffte er; er war sich nicht sicher. Unter den Tanzenden war sie nicht.
Die Nischen unter der Galerie konnte er allerdings nicht einsehen, und da waren auch noch die Nebenräume und kleineren Säle. Schiller stand auf und schlenderte den Gang vor, dann die Treppe hinunter. Nach längerem Suchen im Saal und in den anderen Räumen lehnte er sich verstimmt an eine Säule.
»Solch ein Gesicht bei solch einem Fest?«
Die Frauenstimme kam aus der Nische hinter ihm. Er wandte den Kopf. Dort am Tisch saß eine Zigeunerin, das Gesicht im Dunkel hinter dem Fächer.
»Sie lassen sich täuschen von der Maske, scheint mir«, antwortete er in die spärlich erleuchtete Nische hinein.
»Es ist mein Beruf, mich nicht täuschen zu lassen. Sie warten.«
»Worauf sollte ich warten? Ich genieße die Redoute in der Betrachtung.«
»Sie warten auf ein schönes Mädchen.«
»Der Saal ist voll davon.«
»Sie ist dunkelhaarig, schwarzäugig. Mademoiselle ist Ihnen verpflichtet.«
»Meinen Sie? Die Hellseherkünste stehen hier in Blüte, in der Residenz.« Er löste sich von der Säule, belustigt und auch erstaunt, und setzte sich an den Tisch. Lautlos stellte ein Diener Champagner hin.
»Dann sagen Sie mir auch gleich, wie mein einsames Abenteuer ausgeht.«

»Geben Sie mir ihre Hand, die linke!« Sie nahm Schillers Hand, drehte die Fläche zum Leuchter. Dann ließ sie sie los, um mit dem Zeigefinger sanft die Linien abzufahren. Auf dem Finger steckte ein Ring. Gold, zierlich gearbeitet, mit einem Oval oben und dem Wappen der Arnims. Er faßte die schmale Hand, hielt den kleinen Finger seiner Rechten daneben. Der gleiche Ring.
»Mademoiselle von Arnim!«
»Sie erschrecken vor mir? Bin ich so greulich?« Sie legte den Fächer hin und nahm die Maske ab.
»Nein nein! Ich habe Sie nur nicht erwartet hier . . .« Er merkte, wie ihm das Blut in die Ohren schoß, und machte Anstalten aufzustehen. Sie lachte, hielt ihn an der Hand zurück: »Bleiben Sie doch. Wir haben Ihre Zukunft noch nicht ergründet. Wozu bin ich sonst als Zigeunerin hier. Man sagt, Sie sind Dichter?«
»Wenn man es sagt.«
Sie rückte an den Tisch heran, in den Lichtschein und zog seine Hand näher zu sich. »Sehen Sie, die Lebenslinie. Tief und fein. Sie besitzen einen entschlossenen und edlen Charakter. Aber die zahlreichen Ästchen, gleich nach der Handwurzel . . . Sie hatten eine schwierige Jugendzeit?«
»In diesen Verästelungen befind' ich mich noch, Mademoiselle.«
»Das setzt sich fort bis über den Daumenballen. Aber hier – so häufige Fältchen zur Naturlinie! Die Frauen haben Ihnen viel Verdruß bereitet? Und kein beständiger Schnittpunkt.«
»Sie entblößen meine Seele, Fräulein von Arnim!«
»Aber es schickt sich alles in Bälde. Sehen Sie? Das da deutet auf eine Vereinigung von Dauer.«
Während sie mit leiser Stimme erklärte und deutete, wurde sie von Schiller betrachtet.
»Sie hören mir nicht mehr zu, Friedrich«, unterbrach sie ihre Wahrsagerei, ohne dabei aufzublicken.
»Sie sind schön, Fräulein von Arnim.«
»Sie schmeicheln mir. Aber ich weiß es. Trotzdem will sich keiner finden. – Nennen Sie mich Henriette.«
»Idealisch schön sind Sie, wirklich!«

Henriette blickte jetzt auf. Schiller stützte das Kinn in die Hände und betrachtete sie weiter. »Was wissen Sie? Daß Sie schön sind? Eine Sünde wäre es, Sie wüßten das nicht. Aber Sie sind keine Frau zum Heiraten.«

»Was sagen Sie, Friedrich?« erwiderte sie überrascht.

»Das Ideal würde zerstört. Man darf Ideale nicht zerstören.«

»Sie bringen mich noch in Verlegenheit. Kommen Sie tanzen, damit ich's nicht zugeben muß. Ich möchte jetzt tanzen!« Henriette zog ihn hoch, hängte sich bei ihm ein und drängte ihn aus der Nische.

»Aber ich bin kein sonderlich feuriger Tänzer.«

»Ein sonderbarer Mann wohl. Und daß Sie ein feuriger sein können, glaub' ich gelesen zu haben in Ihrem Journal, aus Ihrem Gedicht ›Freigeisterei der Leidenschaft‹. Die Lektüre im Bett hat mir einen heißen Kopf eingebracht.«

»Oh, dann ist das ja noch leidlich gut abgegangen. Darf ich um den Tanz bitten, Mademoiselle?«

Sie drängten sich zwischen die tanzenden Masken. Von Etikette war längst nichts mehr zu spüren. Man trank und sang und amüsierte sich nach Belieben.

Irgendwann in einer halben Drehung meinte er, Körners und Dora an der Tür gesehen zu haben, wie sie ihm zuwinkten. Aber dieser Moment ging vorbei wie die Stunden, in denen seine Sinne nur auf Henriette gerichtet waren.

Dann stand Frau von Arnim mit den beiden anderen Töchtern nicht weit von ihnen und blickte herüber. Schiller verhielt, mitten im Tanz, und sah zu ihr, Henriette um die Hüfte gefaßt. Er spürte ihre Haut unter der bestickten Seide. Henriette drehte sich auch um, seinem Blick nach. Sie löste sich langsam von ihm.

»Meine Mutter wartet. Ich muß gehen«, flüsterte sie. Und wie zufällig ließ sie im Wegdrehen seine Hand über ihr Kleid streichen.

»Henriette, Ihr Fächer liegt noch auf dem Tisch!«

Aber Henriette war mit Mutter und Schwestern schon im Redoutengetümmel verschwunden.

Der feine Schneeregen hatte endlich aufgehört. Ihn fröstelte. Er schüttelte sich unterm Mantel, der lange schon nicht mehr warm hielt.
Diesmal kam er aus der anderen Seitengasse zu dem Platz mit dem winterstarren Bäumchen und dem leblosen Zierbrunnen in der Mitte.
Er lobte für sich grimmig den Winter; im Sommer wäre durch das Laub die Sicht auf Tor und Fenster nicht so günstig gewesen. Seine kindische Unentschlossenheit in solchen Situationen! Längst hätte er hineingehen sollen. Forsch und selbstbewußt. Stattdessen schlich er wie ein Geheimpolizist, den Mantelkragen hochgeschlagen und den Schlapphut tief in der Stirn, und fror sich die Seele aus dem Leib.
Und das für ein Frauenzimmer! Um Henriette vielleicht ›zufällig‹ zu begegnen, falls sie aus dem Hause träte, oder sie wenigstens am Fenster zu sehen. Aber sie ließ sich nicht blicken. Und die zwei Herren, ein kleiner dicker und ein drahtiger, beide nicht mehr jung, die im Abstand einer guten Stunde vorgefahren waren, hatten das Haus längst wieder verlassen, ohne einander begegnet zu sein.
Auf jetzt, Fritz Schiller, hinein ins Trockene! Sie kann dich nur empfangen oder eben nicht. Dann weißt du Bescheid.
Aber er strich wieder am Haus vorbei, und erst auf seiner nächsten Runde, nun durch die Straße kommend, zwang er sich, über den Platz zu gehen und auf die Toreinfahrt zu.
Der Diener mit dem Pferdegesicht hatte ihn im Empfangssalon stehen lassen, um anzufragen, ob Madame zu einer Audienz geneigt sei. Allerdings erst, als Schiller nachdrücklich und in nicht weniger arrogantem Ton seinen Ratstitel ins Spiel gebracht hatte.
Die Flügeltür zu seiner Rechten ging auf.
»Madame von Arnim«, gab das Pferdegesicht von sich. In einer Art, daß man ihm die Marter anmerkte, den grauberockten Bürgerlichen nicht wegschicken zu dürfen.
»Der Herr Rat Schiller? Wie schön, uns Ihre Aufwartung zu machen!« Frau von Arnim trat zu Schiller, der ihr entgegenging, sich verbeugte und die dargebotene Hand küßte.

»Wir haben uns schon Gewissensbisse gemacht, Ihretwegen. Setzen wir uns doch, Herr Schiller. Einen Cherry?« fragte Madame und winkte dem Diener. »Laß Er uns allein!«
»Ich wollte Mademoiselle von Arnim eigentlich nur ihren Fächer bringen.« Schiller saß auf der Sofakante und drehte das Glas in den Händen.
»Mademoiselle Arnim. So. Wir haben drei davon«, sagte Mutter von Arnim und musterte ihn dabei unauffällig.
»Das Fräulein Henriette meine ich. Auf der Redoute . . .«
»Auf der Redoute, aha. Sie also haben das Mädchen so durcheinander gebracht! Henriette ist leider nicht zugegen, wie schade.«
»Dann bitte ich um Vergebung für die Aufdringlichkeit!« Er stand auf.
»Nein, nein. Bleiben Sie noch. Lassen sie uns ein wenig plaudern. Man sagt, Sie sind verwandt mit dem Theaterdichter Schiller und Herausgeber dieses entzückenden Journals?«
»Ich bin es selbst, Madame«
»Wie interessant! Ein Dichter und ein Held dazu! Und sie wollen Ihren Sitz hierher nach Sachsen verlegen? In die Residenz?«
»Nun ja. Ich – ich habe meine Haushaltung im Pfälzischen sozusagen aufgelöst. Hier bin ich nur einiger Geschäfte und einer größeren Arbeit wegen. Und wenn mich der Weimarische Herzog ruft . . .«
»Mit dem Herzog von Weimar stehen Sie auf vertraulichem Fuße? Wie interessant! Und die Geschäfte, von denen Sie sprachen, gehen sicher über die Maßen gut? Ein so berühmter Dichter!«
»Zur vollkommenen Zufriedenheit, Madame. Das Journal verkauft sich gut. Meine Stücke gefallen dem Publikum. Aber das Geld ist nicht das wichtigste für mich.« Schiller trank sein Glas aus, ein milder und guter Cherry.
»Es freut mich, daß Sie das sagen.« Madame Arnim seufzte. »Den Fächer sollten Sie Henriette selbst geben. Würde es Ihnen am Sonntag zum Tee passen? Wir wären erfreut.«
Schiller merkte, daß die Audienz zu Ende war, und er stand auf.
»Ich muß nun wirklich gehen, Madame, die Geschäfte. Ich bitte nochmals um Vergebung, wenn ich gestört habe.«

Wieder ein Handkuß, und er ging, nachdem ihm der Diener wortlos Mantel und Hut gebracht hatte.
»Henriette? Bitte komm doch mal!« rief Frau von Arnim in den Nebenraum. Henriette stand schon in der Tür.
»Das war also der Schiller«, sagte ihre Mutter, »ein netter junger Mann. Und in gediegenen Verhältnissen, wie es scheint. Du solltest ihm ein wenig Mut machen. Ohne dabei den Grafen Waldstein oder den Bankier Eppsteiner vor den Kopf zu stoßen. Verstehst du mich, mein Kind?«
Henriette hatte verstanden. Und eine Neigung spürte sie schon zu ihm, zu seiner zurückhaltenden und feinsinnigen Art, zu seinen ungewöhnlichen Gedankengängen und Gesprächsthemen. Schiller gab nicht solch plumpe und anzügliche Komplimente von sich wie der dicke, immer schwitzende Eppsteiner oder der näselnde Vogelkopf Graf Waldstein-Dux. Ein Mann, der Schiller, den sie durchaus länger als nur zum Tee ertragen würde.

»Und wie geht es im Amt, Gottfried?« wandte sich Schiller an Körner, dabei kaute er vergnügt. Der warme Schinken mit Kraut zum Mittag war nach seinem Geschmack. Dazu dieser göttliche Meißner Weißburgunder. Und der so unbeschreiblich nach Frühling riechende Wind, den die Elbe mit dem Hochwasser brachte, und der durch das offene Fenster in die Stube drückte.
Körner legte Messer und Gabel auf die Platte und nahm sich das Tuch, um die Mundwinkel abzutupfen. Dann griff auch er zum Weißweinglas.
»Derzeit ist es unruhig im Amt. Die Stadtplanung nimmt uns alle ein. Der große Friedrich hat vor drei Jahrzehnten die Stadt so gründlich zerschossen, daß der Aufbau noch Jahre brauchen wird. Und aufpassen muß ich dabei, daß die Schul- und Verwaltungsreform dabei nicht vergessen wird. Dieser träge und selbstgefällige Beamtenapparat! Es ist alles so zäh. Man reibt sich auf bis zum letzten, nur um einen halben Schritt weiterzukommen.«
»Du tust mir leid. Ich kann nicht klagen momentan.«
»So? Du hast wohl die Buchfassung schon fertig vom ›Carlos‹? Der

Göschen hat eine Anweisung auf die zweite Rate geschickt. Und fragt leise an, wann er die nächste Lieferung bekommt«, mischte sich Minna mit spitzem Unterton in das Gespräch. Sie ließ Schiller aber nicht erst zu Wort kommen, sondern fuhr ärgerlich fort:
»Paß doch auf, Friedrich, mit deinem Hemd! Die Waschfrau hat schon alle Not mit deinen Tabakflecken, und jetzt noch das Fett!«
»Dann mag sie die Hemder wegschmeißen. Ich kaufe mir halt neue«, lachte der so Angefahrene. Dora kicherte.
»Brauchst nicht zu lachen, Dorchen! Der Fritz wird bald kein Hemd mehr auf dem Leib haben, wenn er jeden Taler zu den Arnims trägt. Die nehmen ihn doch aus, diese zwielichtigen Frauenzimmer!«
»Die Minna hat schon recht, Fritz, du solltest dich besser beobachten.«
Schiller sprang so heftig vom Stuhl auf, daß der polternd zu Boden fiel. »Wann ich arbeite und wann ich mich mit zwielichtigen Frauenzimmern herumtreibe, das ist wohl meine Sache! Ich brauche keine Amme, ich bin nit euer Kind!« Schiller steigerte sich in Ton und in Lautstärke.
»Aber in einen goldenen Käfig bin ich wieder geraten, bei wohlwollenden Gönnern: Ihr könnt mir alle auf einmal und jede Stunde den Buckel runterrutschen!« schrie er, schon an der Tür, polterte dann die Treppe hinunter und warf die Haustür krachend ins Schloß.
Er lief, blicklos vor Zorn, ohne Ziel die Straße hinunter. Straßenköter, die ihm in den Weg kamen, scheuchte er mit Tritten zur Seite. Am Elbufer fand er sich wieder.
Diese kleinliche Residenzstadt. Diese Beamten und Kleingeister. Diese Enge der Verhältnisse. Es wurde Zeit, daß er hier fortging, er mußte endlich sein eigener Herr sein!
Das Rauschen und Gurgeln des breit sich dahinwälzenden Flusses beruhigte ihn wieder, und die weite und offene Flußlandschaft mit dem frühlingshohen Himmel darüber, in dem sich die Geräusche der Stadt und die zahllosen kleinen Widrigkeiten ins Bedeutungslose verloren.
Ein paarmal atmete er tief ein. Dann hatte er sich wieder in der Gewalt.

Henriette würde schon warten. Nun schnell zum Hofgärtner Petraschk. Der hatte ihm eine der seltenen Blüten aus dem überseeischen Urwald versprochen, die er seit Jahren für den Hof züchtete.
Eine gute halbe Stunde war er zu Fuß unterwegs. Keine Kutsche ließ sich sehen, nicht einmal eine freie Portechaise.
Der Gärtner wollte sich nur schwer trennen von seiner Blüte, und Schiller legte schließlich zwölf Taler dafür auf den Gewächshaustisch, so viel, wie er von Göschen für einen ganzen Bogen seines »Don Carlos« erhielt.

Der Diener führte ihn wortlos zu Henriettes Zimmertür. Schiller klopfte. Von drinnen kam leise »Herein!« Er trat ein, drehte hinter sich den Schlüssel im Schloß.
»Friedrich, sind Sie es? Das lange Warten hat mich schon krank gemacht«, kam es vorwurfsvoll vom Sofa, das mit der Rückenlehne zur Tür mitten im Zimmer stand.
»Henriette, entschuldigen Sie! Heut begegnet mir nur Mißliches!«
Er ging zum Sofa: Henriette lag ausgestreckt, in einem leichten Morgenkleid, und hatte das Gesicht mit der Hand bedeckt. Er kniete sich vor das Sofa und nahm ihre Hand.
»Und nun auch noch ich. Wollten Sie das sagen?«
»Ich bitte Sie, Henriette! Ich hab' ein Bußgeld mitgebracht.« Er legte ihr die lilafarbene Blüte in die Hand.
»Friedrich.« Sie hob den Kopf. Er lenkte die Hand mit der Blüte vor ihr Gesicht.
»Die Mutter und die Schwestern sind nicht im Hause«, flüsterte sie.
Das wäre ihm in diesem Moment auch gleich gewesen. Henriette fuhr ihm mit beiden Händen ins Haar. Er wanderte mit den Lippen über ihre Kinnpartie, den schlanken, duftenden Hals hinunter.
»Henriette, ich weiß nicht, was ich tu!«
»Muß man das immer wissen?« kam es ebenso leise zurück.
Es klopfte an der Tür.
»Nein, nur jetzt nicht!«
»Mademoiselle von Arnim! Der Herr Bankier Eppsteiner«, hörten sie die Stimme des Dieners dumpf hinter der Tür.

»Ich bin nicht zu sprechen. Sag Er ihm das!« Henriette richtete sich auf und trommelte mit den Fäusten auf die Sofalehne.
»Der Herr Bankier läßt sich nicht abweisen. Es sei dringend, Mademoiselle!«
Schiller war aufgestanden, plötzlich ernüchtert.
»Bleiben Sie doch, Friedrich! Wir schicken ihn fort«, sagte Henriette. Sie war erschrocken.
»Nein, ich geh'. Ich hab' mich gehenlassen. Verzeihen Sie, Mademoiselle Henriette.« Schiller knöpfte den Rock zu und ging zur Tür.
»Kommen Sie wieder, bitte! Ich kann die Tage nicht mehr ertragen ohne Sie. Bitte!« Henriette preßte ein Kissen vors Gesicht.
»Es wird schon gehen, Mademoiselle. Sie haben doch gewichtige Zerstreuung.« Er ließ die Klinke los und ging zur Tapetentür hinter dem Vorhang. »Adieu, Henriette, so ist das.«

Schiller war schon auf halber Treppe. Das laute Hantieren unten in der Küche hatte er nicht wahrgenommen.
»Der Fritz schaut nicht mal mehr in die Küche. Da muß es wohl bös' bestellt sein um ihn«, rief Dora zu ihm hinauf.
»Ach du, Dorchen! Mein Kopf ist voll derzeit, entschuldige.«
Schiller stieg die Stufen langsam wieder hinunter.
»Voll schwarzer Zigeunerinnen wohl?«
»Das ist vorbei. Man läßt sich doch nicht von Frauenzimmern an der Nase herumführen. Oder?« gab er mit gezwungenem Witz zurück und kniff Dora augenzwinkernd in den Arm.
»Du Grobian!« Dora rieb sich den Oberarm. »Auf uns willst du ja nicht hören.«
»Du weißt doch, daß ich manchmal ein arger Querkopf bin. Vergebung, ja?« Er nahm Dora bei den Schultern und drückte ihr einen lauten Kuß auf die Stirn.
»Gut. Dann darfst du auch in die Küche.«
Schiller trat an ihr vorbei, schnupperte mit hoch erhobener Nase zum Herd. Ein großer Kessel klapperte dampfend über dem offenen Feuer. Er hob mit spitzen Fingern den Deckel, ließ ihn aber gleich wieder fluchend los, daß er auf die Herdplatte schepperte.

»Sage ich es nicht? Du mußt dir immer erst die Finger verbrennen!« lachte Dora von der Tür her. »Brauchst du was zum Trost?« Dora zog ein gesiegeltes Kuvert unter der Schürze hervor und winkte damit.
»Was ist das?« rief Schiller und vergaß, an den Fingern zu pusten.
»Die arge Versuchung, denk' ich!«
Schiller lief zu Dora und riß ihr das Kuvert aus der Hand. Ein Blick auf das Siegel, dann wandte er sich zum Fenster und riß den Brief auf. Er setzte sich auf den Küchenschemel und las:

». . . Gleich am frühen Morgen muß ich an Sie schreiben und Ihnen sagen, daß ich immer und unaufhörlich an Sie denke. Sie haben alle meine gefaßten Vorsätze vernichtet . . . Denn ich hatte mir fest vorgenommen, nie wieder zu lieben, ich wollte leichtsinnig, wie die meisten Mannspersonen, werden, und doch ein Heer von Verehrern um mich versammelt halten . . . Ich hatte mich aber geirrt . . . Und Sie bringen mir Verachtung entgegen. Ich wollte, ich wäre auf einige Zeit der Flattergeist oder das schale Geschöpf, wofür Sie mich halten, ich wäre vielleicht ruhiger.
Nur das einzige sagen Sie mir: was für eine Ursache könnte ich haben, Ihnen Liebe zu lügen? Es ist wahr, meine Mutter sorgt sich von Herzen um meine Zukunft, und knüpft auch zuweilen der Fäden zu viel. Aber ich muß mich selbst entscheiden für mich.
Vorhin etwa wurde ich gestört, es kam der Bankier E. Ich habe den Mann nun auch bald satt, er hat uns schon um manchen schönen Augenblick gebracht, besonders letzten Dienstag. Daß er uns auch das störte, vergeb' ich ihm nie. Oder sollten Sie alles schon vergessen haben . . .?
Leben Sie wohl und ruhiger als ich – und kommen Sie bald. Aber achten Sie bitte wie üblich auf das erleuchtete Fenster in dem gewissen Raum. Adieu, ewig unverändert Ihre Henriette . . .«

Schiller ließ die Hand mit dem Brief auf die Knie sinken und blickte zum Fenster hinaus. »Sakrament! Diese Weiber! Keine Sau nit wird schlau aus denen!«

»Wem sagst du das. Du liebst sie noch, die Arnim, ja?« Körner stand schon einige Zeit in der Küche und wechselte mit Dora bedeutungsvolle Blicke.
»Kann schon sein. Ich dacht', ich hätt's hinter mir.«
»Dann verschaffe dir Gewißheit, ob sie es ehrlich meint. Sie läßt sich zu sehr von der Mutter regieren. Und ihr ist es lieber, Henriette hält sich einen Galan zuviel als gar keinen.«
Körner drückte Schiller auf den Schemel zurück, bevor der aufbrausen konnte.
»Wir lassen es darauf ankommen. Dann kannst du mich immer noch in den Hintersten treten. Schlag ein, Fritz!«
»Gut. Wir werden sehen.« Schiller schlug ein.

Körner und Schiller standen schweigend im schützenden Schatten der Hauswand und warteten. Schiller sah starr auf das erleuchtete Fenster in der ersten Etage. Wenn es dort hell sei, so hatten sie vereinbart, dürfe er nicht ins Haus kommen, weil Henriette dann in Familiengesellschaft sei.
Huber würde nichts anderes berichten. Das glaubte er fest. Das wollte er glauben. Das wünschte er sich mit zusammengebissenen Zähnen. Huber hatten sie ins Haus geschickt als galanten Kundschafter. Er war für derlei Missionen wie geschaffen.
Körner, der hinter ihm stand, faßte ihn wortlos am Arm: Durch die Dunkelheit kam ein Mann auf sie zu, von der Toreinfahrt drüben. Huber. Schiller lief ihm schnell entgegen: »Und?«
»Frag mich lieber nicht.«
»Was soll ich nicht fragen? Red schon«, flüsterte Schiller, und ein Zittern war in seiner Stimme.
»Meine Briefe habe ich artig abgeliefert. Die Damen hätten mich gern dabehalten. Als weiteren Gesellschafter neben dem Grafen Waldstein und dem dicken Eppsteiner. Der hat mit Henriette Whist gespielt, in Ihrem Zimmer«, berichtete Huber schnell und sogar ein wenig verlegen.
»Danke, Huber.« Schiller wandte sich ab und lief los, die Straße hinauf.

Die beiden folgten. Körner holte auf, bis er neben Schiller ging, und sah ihm kurz ins Gesicht, das im Mondlicht noch bleicher wirkte: Kein Muskel zuckte, beherrscht, starr. Nur um die Augen lagen große, unruhige Schatten. – »Friedrich?«
»Schon gut, Gottfried. Ich bin kein Werther. Ich bring' mich nit um.«
»Morgen früh begleite ich dich nach Tharandt. Da hast du Ruhe zum Arbeiten. Und den Wald vor der Tür.«
Sie liefen schnell durch die Nacht zum Kohlenmarkt, ohne ein weiteres Wort zu wechseln.

12. Kapitel

Schiller nahm den Packen beschriebener Blätter vom Schreibtisch, legte ihn sich auf die Knie und blätterte ihn mit dem Daumen durch. Eine nachdenkliche Geste des Abschieds von einem Stück seines Lebens, von einer vierjährigen Arbeit, die ihn verändert hatte.
Er warf den Packen auf die Tischplatte und rückte weg vom Schreibtisch, um im Kasten nach Siegellack zu suchen.
Körner, im Sessel schräg hinter ihm, nippte an einem Kaffee, stellte die Tasse schließlich hin.
»Erleichtert?« fragte er.
»Ich weiß nit. Leer eher, leer«, antwortete Schiller, ohne sich umzudrehen.
»Es war doch gut, daß du in Tharandt warst. Nun hast du's hinter dir.« Körner merkte, er hatte Mißverständliches gesagt, und setzte hinzu: »Den ›Carlos‹ meine ich. Und auch die Theaterfassungen.«
»Mit der Versfassung bin ich nit so glücklich. Ob's nit zu glatt ist, weißt du, für diese verwickelten Ideen?« Schiller drehte den Sessel ein wenig zur Seite, so daß er Körner im Blick hatte, und legte die Füße auf die Schreibtischkante.

»Schwierig ist es schon, denke ich. Aber die Bühnen reißen es dir aus der Hand. Nun wird der Große in Weimar nicht mehr vorbeisehen können an dir . . .«
»Mmh.«
»Gib es mir noch mal in die Hand, Fritz, bevor du es an Göschen schickst.«
Körner holte sich den Packen vom Schreibtisch und blätterte suchend in dem Manuskript.
Schiller krempelte die Ärmel hoch und machte die Fensterflügel weit auf. Schwer fiel die Sonnenwärme ins Zimmer.
»Bist du dir eigentlich klar, was du da geschrieben hast?« begann Körner wieder, während er einzelne Blätter hervorzog.
»Ich weiß nun, wer ich bin. Und weiß auch, was ich kann, was ich aus mir machen kann«, antwortete Schiller, der wieder im Sessel saß und sich eine Prise Schnupftabak auf den Handrücken schüttete.
»Solche Verse macht dir so schnell keiner nach!« sagte Körner und trug vor:

». . . Das Jahrhundert
Ist meinem Ideal nicht reif. Ich lebe
Ein Bürger derer, welche kommen werden . . .«

»Das ist groß, Fritz! Da steckt die ganze Epoche drin!«
»Was ich reingesteckt habe, weiß ich. Aber nit, was rauskommt«, sagte Schiller mehr zu sich und sog dabei den Schnupftabak in die Nase.
»Weil du es selbst bist.« Körner legte das Manuskript auf das nebenstehende Sofa und goß sich Kaffee nach aus dem Porzellankännchen. »Der Carlos und der Posa. Dieses Schwelgen und Schwärmen zum einen, und dann dieses Aufraffen zur Tat. Die Gedankenfreiheit und die Zwänge.«
»Du wirst recht haben.«
Eine Weile schwiegen beide vor sich hin. Die Straßengeräusche und die Vögel waren plötzlich zu hören. Schiller stand auf und holte sich das Papierbündel. Er schlug es ein in einen dickeren Bogen und verschnürte es sorgfältig. Dann hielt er die Siegellackstange in die Ker-

zenflamme, verschloß das Paket mit zwei roten Klecksen und drückte schnell seinen Siegelring darauf.
Fertig. Geschafft. Nun konnte der »Carlos« seinen Weg gehen.
»Was nun?« brach Körner das Schweigen.
Schiller wog das Paket in den Händen, legt es schließlich ab und drehte sich zu Körner.
»Gottfried, ich muß fort hier.«
Körner antwortete nicht, sondern blies konzentriert in seinen kalt gewordenen Kaffee.
»Ich muß fort hier. Du bietest mir zwar Unabhängigkeit seit zwei Jahren. Das werde ich dir nie vergessen. Aber ich muß endlich über mein Leben selbst bestimmen.«
»Ich verstehe dich, Fritz. Geahnt habe ich das schon lange.« Körner öffnete jetzt auch den Kragen und schob die Hemdsärmel hoch.
»Weißt du, Gottfried, Unabhängigkeit habe ich immer für das höchste Gut gehalten. Aber sie wird mir lästig jetzt, weil sie mir aufgedrungen wird.«
»Verreise doch für ein paar Monate oder für ein Jahr. Da wirst du dich finden und kannst dann selbst entscheiden.«
»Alles wird mir zu eng hier. Zu klein und zu kleinlich. Die Residenz, die Dresdener. Die ganze Atmosphäre. Und die Spannungen mit Minna.«
»Sie mag dich, das weißt du. Aber sie versteht deine Lebensart nicht. Und die Haushaltung wächst ihr über den Kopf. Du kennst ihre Korrektheit. Wohin willst du gehen?«
Schiller stand auf und schritt in gewohnter Weise, die Hände auf dem Rücken, durch das Zimmer.
»Nach Hamburg werde ich gehen. Zu Schröder ans Theater. Er will den ›Carlos‹ zuerst aufführen. Und auf der Reise will ich Charlotte von Kalb in Weimar besuchen, und Wieland. Vielleicht auch ein paar Wochen bleiben. Es wird sich finden.«
Sie faßten sich bei den Schultern und schüttelten sich wortlos und kräftig.
»Graff wird dich schon erwarten.«
»Welche Zeit haben wir?«

Körner zog seine silberne Taschenuhr aus der Weste und ließ den Deckel aufspringen: »Es geht auf drei.«
»Dieses Porträtsitzen macht mich krank«, sagte Schiller, schon im Gehen, den Rock über den Arm. »Wird er mich in dem Hemd malen?«
»Laß nur, er malt, was er denkt. Sag Dora Bescheid, sie wollte mit zu Graff!« rief er Schiller hinterher.

Für Schiller war das Porträtsitzen eine Qual. Zum vierten Mal ging er nun schon hin. Bei der ersten Sitzung hatte Graff Kohleskizzen gemacht. Jetzt ging es ins Detail. Und er durfte nicht einmal auf das werdende Bild blicken, erst wenn es endgültige Formen annahm.
Er versuchte ruhig zu sitzen. Dora kramte hinten in der Ecke in Skizzenblättern, außerhalb seines Gesichtsfeldes. Eigentlich eine müßige Stunde zum Nachsinnen. Er fand aber nicht die Ruhe. Zu viel gab es aufzunehmen in dieser weiträumigen Malerwerkstatt mit ihrer schönen Unordnung: Diese regellose Ansammlung von Skizzenblättern, von gedrängt stehenden oder ohne System hängenden, fertigen und halbfertigen Porträts, diese Töpfe mit Farben und die weithalsigen Vasen mit Bündeln unterschiedlichster Pinsel, dazu der schwere Geruch von Firnis und Farbe über allem. Alles das zog seinen Blick immer wieder an, Gegenstände ohne erkennbare Funktion, aber von eigentümlichem Reiz.
Angeschlagene Gipsköpfe neben großmäuligen, bunten Schneckenhäusern aus südlichen Meeren, Zinnsoldaten und gesprungene Kristallkelche, ein hohläugiger Schädel mit einer lädierten Perücke.
Anton Graff, Professor für Porträtmalerei an der Zeichenakademie der Residenz, war schon ein erstaunlicher Mann. Das gerade überschrittene halbe Jahrhundert sah man dem um die Mundpartie energisch gefurchten Gesicht kaum an.
Graff hatte im Umgang mit anspruchsvollen Leuten, zumal beim Porträtsitzen, schon immer Geduld und sogar diplomatisches Geschick gebraucht. Der Preußenkönig Friedrich, Klopstock, Lessing, die Leipziger Stadtrichter und Kaufleute und Dutzende anderer Männer mit bedeutenden Namen waren auch eigensin-

F. SCHILLER
nach Anton Graff

nige Modelle gewesen. Aber mit diesem hier verzweifelte er fast! Wenn er den Schiller zurechtgerückt hatte auf seinem Stuhl – den linken Ellenbogen auf das Tischchen, den Kopf in die Hand gestützt, die andere Hand locker auf der Tabaksdose, den Kopf ein wenig geneigt und den Blick offen nach vorn – wenn er dann den Pinsel wieder zur Hand genommen hatte, saß das Modell tatsächlich schon wieder anders da, um in entfernteste Winkel des Raumes blicken zu können.
»Schiller, was ist Er für ein unruhiger Geist! Hat Er denn kein Sitzfleisch für das kleine Stündchen! Der andere Friedrich soll Ihm ja kein Vorbild sein, aber der holte nicht einmal Luft bei der Sitzung. So wahr ich hier stehe!« beschwerte sich Graff.
»In solch mörderischer Stellung hab' ich mein Lebtag nicht gesessen, das versichere ich Ihnen! Auch wenn die Dämchen«, Schiller wies dabei mit dem Kopf in Doras Richtung und seufzte, »auch wenn die Dämchen die Pose außerordentlich finden!«
»Jammer Er nicht und rück Er sich zurecht. Wir wollen das Bild noch vor der Jahrhundertwende fertig haben. War der Schiller nicht auch mal Soldat? Also kneif Er die Backen zusammen und ertrag Er's!«
Dora lachte in ihrer Ecke, und auch Schiller amüsierte die Art des Malers. Er legte die schon verkrampfte Hand wieder auf die Tabaksdose und rollte ergeben mit den Augen.
Vom Treppenhaus her waren aufsteigende Tritte zu hören, Männerstimmen. Dann quietschte die Tür auf in seinem Rücken. Er wagte aber nicht, sich umzudrehen.
Die eine Stimme kannte er: Huber. Die andere war eine klingende, tiefe, mit deutlicher Aussprache.
»Da sind wir. Und jetzt stören wir die Herrschaften gehörig in ihrer Ruhe«, rief Huber in seiner forschen Manier in das Atelier und schob die Tür hinter sich ins Schloß.
Graff brummte etwas hinter seiner Leinwand und steckte nur kurz den Kopf hervor.
»Darf ich vorstellen: Der Schauspieldirektor Schröder aus Hamburg«, fuhr Huber fort und gab Dora einen galanten Handkuß.

»Meine Braut, Dora Stock, Kunstkennerin.« Dann nahm er Schröder bei der Schulter und wies mit ausgestrecktem Arm auf den Maler: »Anton Graff. Bedeutendster Porträtmaler Europas und der restlichen Welt! Und der lockige Jüngling da mit dem leidenden Gesicht: Fritz Schiller. Mensch.«
Schröder trat näher: »Ein guter Vorsatz, dabei sollten Sie bleiben!«
Schiller war aufgestanden und schlug in die dargebotene Hand des Schauspielers ein. »Ich versuch' es zu werden. Huber ist ein Hochstapler, müssen Sie wissen . . .«
Schiller kam die Störung durch den unerwarteten Besuch gerade recht: Das Porträtsitzen war damit beendet, und an Schröder hatte er noch heute schreiben wollen. Es gab viel zu bereden. Die geplante Aufführung des »Don Carlos« in Hamburg, die möglichen Probleme mit der Theaterfassung, die Zustände in Hamburg. Das vor allem interessierte ihn. Seine bösen Erfahrungen mit dem Publikum und mit Schauspielerintrigen waren nicht vergessen . . .
Er ging mit Schröder zur Elbe hinunter, auf dem Weg, der über die Wiesen führte, stromabwärts am Ufer entlang. Schröder war ein angenehmer Gesprächspartner; von erstaunlicher Bildung und scharfem Verstand.
»Im Theater sehe ich schon die besten Möglichkeiten, auf die Zeit zu wirken. Heute zumal«, fing Schiller das Gespräch wieder an, nachdem sie eine Weile geschwiegen hatten.
»Und von Gedichten halten Sie wohl nichts mehr? Da kann man die Leute in der Seele treffen. Sie sind im Gedichteschreiben recht zurückhaltend geworden in den letzten Jahren, Friedrich.«
»Nein nein, das beschäftigt mich auch. Ich meine, gerade die Dichtkunst kann den verlorenen Menschen in uns wieder herstellen. Wir sind doch alle keine ganzen Menschen mehr. Wir sind Krämer und Beamte und Handwerker. Dem einen fehlt das andere.«
»So ist das Zeitalter nun mal. Jeder wirkt in seinem Beruf und weiß nichts mehr vom anderen. Der Preis für unser Wissen und unsere Bequemlichkeit ist nun mal hoch. Eben Zersplitterung auch in uns. Aber wären wir sonst in der Menschengeschichte so weit gekommen? Bis zu den Wissenschaften und den technischen Künsten?«

»Den Fortschritt der Wissenschaften beklag' ich nicht. Mir macht das Menschliche Sorge. Wenn wir die Menschen nicht bessern, bessert sich auch die Welt nicht.«
»Ist das nicht idealistisch gedacht? Werden nicht auch die Menschen so wie die Welt, in der sie leben? Und wer soll sie ändern?«
»Die Kunst. Aber dazu muß sie ihre Zeit durchschauen, um selbst dem Jahrhundert ein Vorbild zu geben.«
»Sehen Sie sich nur das Publikum an im Lande, Friedrich, und die unzähligen Scharlatane und Schmierer.«
»Der Geschmack ist verkommen. Und darum gibt es auch die Schmierer. Die wissen's nicht besser oder wollen's nicht besser. Man muß die Ideale wieder hochhängen und das Publikum hinaufziehen! Nicht hinuntersteigen in den Sumpf des Geschmacks. Sonst verkommen wir im Geiste . . .«
Sie kamen zu einem angeschwemmten Baumstamm, setzten sich auf das rissige, glatt geschliffene Holz und starrten auf den Fluß.
»Was im Lande derzeit geschrieben wird, ist wenig geeignet, den Leuten feinere Kultur einzublasen. Die Masse, meine ich, es gibt natürlich Ausnahmen . . .«, fing Schröder wieder an, während er Pfeife und Tabak aus der Rocktasche zog und Schiller davon anbot.
»Wie sollen auch aus halben Menschen ganze Bücher kommen«, sagte Schiller paffend zwischen die Zähne hindurch.
»Ah! Daher die Absicht, Mensch zu werden«, gab Schröder zurück und lächelte.
»Ich meine, alles, was ein Schriftsteller uns geben kann, ist seine eigene Besonderheit. Und die muß es also wert sein, vor der Welt ausgestellt zu werden. Wenn er sich anmaßt, die Menschen bessern zu wollen, muß er selbst erst einmal Mensch sein.«
»Aber Sie vergessen den kleinen Unterschied zwischen Kunstkennern und der großen Menge, die nur unterhalten sein will.«
»Wenn es große Kunst ist, dann trifft sie auch alle. Das wäre dann ein Volksdichter.«
»Dann fangen Sie mal an, Friedrich . . .!«

Der alte Lehmann war nur bis zur ersten Plattform mitgestiegen. Schiller war es nicht ganz wohl auf den schwankenden Treppen und Leitern. Zwischen den Holzstufen konnte man durchsehen, hinunter auf die mit wenigen Brettern vernagelten Absätze, auf die in den Mauerfugen steckenden Balken. Aber er überwand sich und kletterte weiter.

Huber hatte ihm über seine verzweigten Bekanntschaften den Zugang zum Turm verschafft. Schiller wollte die Stadt von oben sehen, einmal wenigstens, bevor er abreiste.

Die letzte Leiter war schmaler und höher als die anderen, aber an den Seiten mit Holz verkleidet, so daß er nicht senkrecht in die Tiefe schauen mußte. Je näher er dem Ausstieg kam, desto deutlicher schlug ihm ein dumpfer, anhaltender Ton entgegen.

Er steckte die Schultern durch die Luke und wußte nun, was das war: Ein starker Wind, der durch die offenen Fensterbögen drückte und dieses Geräusch hervorbrachte, als bliese jemand auf einer riesigen Flasche.

Sein Blick ging über die steinerne Balustrade. Mit ausgestreckten Armen hielt er Abstand vom breiten Geländer. Dieser Blickwinkel war ihm doch wesentlich angenehmer als ein direkter Blick in die Tiefe. Er fühlte sich wie in einer offenen Gondel, die auf einer zweihundert Fuß hohen, armdicken Säule stand. Nur allmählich gewöhnte er sich an die einsame Höhe.

Den gewaltigen Rücken der Katholischen Hofkirche sah er in beträchtlicher Tiefe liegen. Davor die Elbe, die silbrig das Vormittagslicht reflektierte und wie ein Metallband, ohne sichtbaren Anfang und ohne Ende, zwischen die Hügel gelegt schien.

So entfernt von jeder menschlichen Seele, so einsam hatte er sich wohl noch nie gefühlt. Hier oben war er dem Himmel näher als der Erde; hier hoch verirrte sich selten jemand.

Die kleinen Figuren, Fuhrwerke und Reiter da unten zwischen den Häusern wirkten unnatürlich, wie aus einem Traum. Aus dieser Sicht hatte das Alltägliche keine Bedeutung mehr. Es schrumpfte auf ein kleines, kleinliches Maß angesichts dieser himmelgreifenden Weite, dieser endlosen Landschaft.

Er folgte der Straße, die zum westlichen Stadttor und dann über den Wallgraben auf den Höhenrücken führte, mit dem Blick: Die Stadt lag eingeengt im Tal, ängstlich, abgeschlossen gegen die Welt, nur mit den höchsten Bauten blickte sie über die Hügel. Die Straße zog sich gewunden durch Felder und Gärten, dann durch Vororte und Dörfer, dann schließlich durch einen Wald, bis der Dunst der Ferne den Eindruck vorgaukelte, die Erde krümme sich widersinnig nach oben. Oder war es nur der allmähliche Anstieg zu einem fernen Gebirge?

Auf jeden Fall aber war es der Reiseweg nach Kalbsrieth, nach Weimar. Und er war entschlossen, nun diesen Horizont zu überschreiten. Einen Schlußstrich zu ziehen unter diese schönen und bitteren und erfahrungsreichen Jahre.

Personenverzeichnis

Albrecht, Sophie (1757–1840)	Schauspielerin
Arnim, Henriette Elisabeth von (1768–1847)	Tochter einer Kammerdame in Dresden
Carl August, Herzog von Sachsen-Weimar-Eisenach (1757–1828)	mit Goethe befreundet
Dalberg, Wolfgang Heribert, Reichsfreiherr von (1750–1806)	leitete das Mannheimer Theater
Der große Friedrich	gemeint ist König Friedrich II. von Preußen
Der Große aus Weimar	gemeint ist Johann Wolfgang von Goethe
Don Carlos (1545–1568)	spanischer Königssohn
Göschen, Georg Joachim (1746–1797)	Verlagsbuchhändler in Leipzig
Gotter, Friedrich Wilhelm (1752–1828)	Schauspieler, Schriftsteller
Graff, Anton (1736–1813)	Hofmaler in Dresden
Hagedorn, Friedrich von (1708–1754)	Lyriker und Fabeldichter
Huber, Ludwig Ferdinand (1764–1804)	Schriftsteller, Übersetzer
Iffland, August Wilhelm (1759–1814)	Schaupieler
Jünger, Johann Friedrich (1759–1797)	Schriftsteller in Leipzig
Kalb, Charlotte von (1761–1843)	geborene Marschalk von Ostheim
Kant, Immanuel (1724–1804)	Philosoph in Königsberg

Körner, Christian Gottfried (1756–1831)	Freund Schillers; seit 1783 Rat am Dresdener Oberkonsistorium, der höchsten Regierungsstelle für Kirchen- und Schulfragen
Luise, Prinzessin von Mecklenburg-Strelitz (1776–1810)	die spätere Königin von Preußen
Mercier, Louis-Sébastien (1740–1814)	französischer Schriftsteller
Mohl, Ludwig Friedrich	Kaufmann in Leipzig
Schröder, Friedrich Ludwig (1744–1816)	Theaterdirektor in Hamburg
Schubart, Christian Friedrich Daniel (1739–1791)	Schriftsteller, war zehn Jahre auf der Festung Hohenasperg gefangen
Stock, Johanna Dorothea, genannt Dora (1760–1832)	Verlobte Hubers
Stock, Anna Maria Jakobine, genannt Minna (1762–1843)	Frau Körners
Streicher, Andreas (1761–1833)	Musiker, später Klavierbauer, Freund Schillers
Werther	Titelfigur aus Goethes »Die Leiden des jungen Werther«
Wieland, Christoph Martin (1733–1813)	berühmter Schriftsteller

Zeittafel zu Schillers Leben

1759 10. November: Johann Christoph Friedrich Schiller wird in Marbach am Neckar geboren. Der Vater Johann Kaspar Schiller ist Offizier im Dienst des Herzogs von Württemberg.

1763 Der Siebenjährige Krieg wird beendet mit dem Frieden von Hubertusburg.

1763 Die Familie Schiller übersiedelt nach Lorch bei Ludwigsburg.

1766 Die spätere Ehefrau Schillers, Charlotte von Lengefeld, wird in Rudolstadt geboren.

1768 Schiller besucht mit seinem Vater erstmals Theateraufführungen.

1770 Herzog Karl Eugen von Württemberg gründet auf Schloß Solitude ein Militärwaisenhaus, das 1773 in eine »Militärische Pflanzschule« umgewandelt wird, eine Lehranstalt, in der der Herzog Beamte, Offiziere und Handwerker heranbilden läßt.

1773 16. Januar: Der Vater Schiller gibt seinen Sohn auf Wunsch des Herzogs in die »Militärische Pflanzschule«, die bald zur »Herzoglichen Militär-Akademie« erhoben wird. Schiller studiert zunächst Rechtswissenschaft, wechselt aber bald zum Medizinstudium über.

1776 Die nordamerikanischen Kolonien erklären ihre Unabhängigkeit gegenüber England.
Ein Gedicht Schillers wird erstmals in einer Zeitschrift gedruckt.

1779 Schillers erste Abschlußarbeit wird abgelehnt, und er muß ein weiteres Jahr an der Militärakademie verbleiben.

12. Dezember: Goethe ist zu Gast an der Akademie.

1780 15. Dezember: Schiller wird entlassen und bekommt eine Stelle als Regimentsarzt in Stuttgart.

1782 13. Januar: Am Mannheimer Theater wird Schillers Stück »Die Räuber« zum ersten Mal aufgeführt, nachdem es im Mai 1781 auf Schillers Kosten als Buch erschienen war.

22. September: Schiller flüchtet mit seinem Freund Andreas Streicher über Mannheim nach Frankfurt am Main.

Dezember: Schiller hält sich im thüringischen Dorf Bauerbach auf dem Gut der Frau von Wolzogen auf, arbeitet am Stück »Kabale und Liebe« und beginnt mit dem »Don Carlos«.

1783 19. April: Der Unabhängigkeitskrieg zwischen Nordamerika und England wird durch den Frieden von Versailles beendet.

Ende April erscheint »Die Verschwörung des Fiesko zu Genua. Ein republikanisches Trauerspiel von Friederich Schiller« in der »Schwanischen Hofbuchhandlung« Mannheim.

1. September: Schiller wird als Theaterdichter in Mannheim angestellt mit einem Jahresgehalt von 300 Gulden.

1784 Januar: Aufnahme Schillers in die Kurfürstliche Deutsche Gesellschaft zu Mannheim.

31. August: Schiller wird als Theaterdichter entlassen.

November: Schiller kündigt seine Zeitschrift »Rheinische Thalia« an.

1785 9. April: Schiller reist aus Mannheim ab und kommt am 17. April in Leipzig an.

11. September: Abreise nach Dresden zu Körners.

1787 Januar: Das vierte Heft der »Thalia« erscheint bei Göschen mit dem ersten Stück des Romans »Der Geisterseher. Aus den Papieren des Grafen von O.« (2. Stück in Fortsetzungen bis Heft 8/1798)

April/Mai: Vollendung des »Don Carlos« in Dresden.

Juli: Reise nach Weimar, auch nach Jena, Meiningen und

Bauerbach.

1788 Mai: Schiller bezieht eine Sommerwohnung in Volkstedt bei Rudolstadt.

September: Erste Begegnung mit Goethe.

9. Dezember: Goethe schlägt Schiller für eine Anstellung als Professor für Geschichte an der Universität Jena vor.

1789 26. Mai: Schiller hält seine erste Vorlesung in Jena. Er übersiedelt nach Jena (Jenergasse 26).

14. Juli: Mit dem Sturm auf die Bastille beginnt die Französische Revolution.

5. November: Bei Göschen erscheint unter dem Titel »Der Geisterseher. Eine Geschichte aus den Memoires des Grafen O.« die Buchausgabe.

1790 Januar: Schiller wird Hofrat und erhält vom Herzog Carl August ein Jahresgehalt von 200 Talern.

22. Februar: Schiller heiratet Charlotte von Lengefeld in der Kirche von Wenigenjena (heute Stadtteil von Jena).

1792 26. August: Schiller wird zum Ehrenbürger der französischen Republik ernannt.

1793 14. September: Schillers erster Sohn Karl Friedrich Ludwig wird geboren (gest. 1857). Weitere Kinder sind: Ernst Friedrich Wilhelm (1796–1841), Caroline Henriette Luise (1799–1850) und Emilie Henriette Luise (1804–1872).

1797 2. Mai: Schiller zieht in das im März gekaufte Gartenhaus in Jena ein, das er mit seiner Familie bis 1802 bewohnt.

1802 Januar: Schiller arbeitet am Drama »Wilhelm Tell«.

29. April: Einzug in das Haus an der Esplanade in Weimar, für dessen Kauf Schiller große Schulden machen mußte.

16. November: Schiller erhält das Adelsdiplom vom Kaiser und kann sich nun Friedrich von Schiller nennen.

1804 17. März: Das Drama »Wilhelm Tell« wird am Weimarer Hoftheater zum ersten Mal aufgeführt.

Napoleon läßt sich zum Kaiser von Frankreich krönen.

1805 Ernsthafte Erkrankung mit Fieberanfällen und Krämpfen.

9. Mai: Tod Friedrich Schillers. Er wird am 12. Mai auf

dem alten Weimarer Jakobsfriedhof beigesetzt und erst am 16. Dezember 1827 in die Grabstätte der Weimarer Herzöge, die heutige Goethe-Schiller-Gruft, überführt.

Anmerkungen zu fremden Begriffen

Adonis	schöner Jüngling der griechischen Sage
Amouren	französisch: Liebschaften, Liebeshändel; amouröse Abenteuer: Liebesabenteuer
Audienz	französisch: offizieller Empfang bei hochgestellten Personen
au revoir	französisch: auf Wiedersehen!
Billet	französisch: Zettel, Briefchen
Bouteillen	französisch: Flaschen
Cembalo	altes Tasteninstrument
Chaise	halbverdeckter Wagen; Kutsche
Comptoir	französisch: Büro, Geschäftszimmer; heute: Kontor (deutsch)
Dekolleté (dekolletiert)	tiefer Hals- oder Rückenausschnitt an Frauenkleidern
Diner	französisch: Mittagessen; Hauptmahlzeit (auch am Abend); Festmahl
Dukaten	alte Währungseinheit, Goldmünzen (soviel wie drei Taler)
Fakultät	Abteilung an einer Universität
Falbe	Pferd von graugelblicher Farbe
Gose	obergäriges Weißbier, das in Leipzig gebraut wurde
Gulden	Währungseinheit seit dem 17. Jahrhundert; Silbermünze im Wert von zwei Drittel Taler
Hohenasperg	Bergfestung bei Ludwigsburg in Württemberg
Indélikatesse	französisch: Unfeinheit, Unschicklichkeit
inkommodieren	französisch: Ungelegenheiten machen, belästigen

Intendant	Leiter eines Theaters
Jabot (Spitzenjabot)	Spitzenkrause am Halsausschnitt
Jamben	in der Dichtung Einheit von einer kurzen und einer langen Silbe (Singular: Jambus)
Japanisches Palais	Bauwerk in Dresden, das die kurfürstliche Bibliothek und ein Museum enthielt
Jubilatmesse	Messe in Leipzig, die »Sonntag Jubilate« begann (Jubilate = 3. Sonntag nach Ostern)
Kalesche	viersitziger Wagen
Kapaun	gemästeter Hahn
Kapuziner	Angehöriger eines Mönchsordens
Karolin	Goldmünze im Wert von 11 Gulden
Kolonien	gewaltsam angeeignete Überseegebiete
Kommission	Auftrag an andere zur Besorgung eines Geschäfts
Konsistorium	kirchliche Behörde
Konsul	Handelsvertreter eines Staates im Ausland
Korporalin	Frau eines Korporals, eines Unteroffiziers
Kurfürst (Kurpfalz, Kursachsen)	»Kur« kommt vom mittelhochdeutschen Wort küren = erwählen; die Kurfürsten waren also die Wahlfürsten, die seit dem 13. Jahrhundert den deutschen König wählten; es gab sieben Kurfürsten im Deutschen Reich
Kurfürstliche Deutsche Gesellschaft (in Mannheim seit 1775)	Die »Deutschen Gesellschaften« waren kulturelle Vereinigungen, die zumeist nach dem Vorbild der 1727 von Gottsched gegründeten »Deutschen Gesellschaft« entstanden. Hauptziel: Reinhaltung der deutschen Schrift, Sprache und Poesie von fremdsprachigen (meist französischen) Bestandteilen. In den Listen der Mannheimer Gesellschaft findet man neben Schiller die Namen Klopstock, Lessing, Herder und Wieland.
Lakai	herrschaftlicher Diener

Livree	uniformartige Bekleidung von Dienern
Louisdor	französische Goldmünze; in Deutschland goldene Fünftalerstücke
Madame	französische Anrede für eine verheiratete Dame; ebenso: Mademoiselle = Fräulein; Mesdames = meine Damen; Messieurs = meine Herren
Meile	altes Längenmaß, das in den verschiedenen deutschen Ländern sehr unterschiedlich berechnet wurde: sächsische Meile = Postmeile = 7,5 km
mon dieu!	französisch: mein Gott!
Okkultismus	Beschäftigung mit sogenannten übersinnlichen Erscheinungen
o tempora, o mores!	lateinisch: O Zeiten, o Sitten!
Parodie	scherzhafte Nachahmung, Verspottung
Portechaise	französisch: Tragsessel, Sänfte
Prosa	erzählende Literatur
Residenz	Wohnort, Wohnsitz eines Fürsten
Säculum	lateinisch: Jahrhundert
Sagittarius	lateinisch: Schütze; in der Sternkunde das neunte Zeichen des Tierkreises
Sapperlot!	Fluch
Scharteken	wertlose Bücher, Schmöker; hier spöttisch gemeint
Schranze, Schranzen	abwertende Bezeichnung für Höflinge
Schwager	im 18. Jahrhundert Anrede für Postillion, Kutscher
Séance	französisch: Geisterbeschwörung
Skulptur	Bildhauerwerk, Bildnis aus Stein oder Holz
Souper	französisch: größere Abendmahlzeit
Spinett	kastenförmiges, kleines Cembalo
superb	französisch: vorzüglich, prächtig
Taler	weitverbreitete frühere Münze, die zuerst in Joachimsthal geprägt wurde; ein Taler =

	24 Groschen; ein Handwerker verdiente im 18. Jahrhundert pro Jahr nur etwa 150 Taler im Durchschnitt
Traktat	wissenschaftliche Abhandlung
Whist	englisch: ein Kartenspiel
Zeitung	früher Bezeichnung für Nachricht, Kunde, Neuigkeit
Zichorienkaffee	Kaffee, aus gerösteten Wurzeln der Zichorie, einer Zuchtform der Wegwarte; das heute gebräuchliche Gemüse Chicorée ist eine verwandte Pflanze

August Wilhelm Iffland